특별지원교육

– 통합교육과 IEP

김영한 · 落合俊郎 · 崔明福 공저

대구대학교출판부

저자소개

김영한(金榮漢)
대구대학교 특수교육과 및 동 대학원 특수교육과 졸업(문학박사)
울산 메아리학교 교사
충북 영동대학교 초등특수교육과 교수
현, 대구대학교 초등특수교육과 교수

落合俊郎(오치아이 토시로)
일본 도호쿠대학교(東北大學) 대학원 교육학연구과 졸업(교육학박사)
일본 국립특별지원교육종합연구소 연구원 및 실장
현, 일본 히로시마대학교 대학원 특별지원교육학과 교수

崔明福(최명복)
중국 지린성(吉林省)교육학원 교육관리학과 졸업
일본 히로시마대학 대학원 특별지원교육학과 졸업(교육학박사)
중국 연변(延邊) 훈춘시 第5초등학교 교사
현, 중국 장춘대학교(長春大學) 특수교육학과 교수

발 행 | 2013년 4월 30일
지은이 | 김영한 · 落合俊郎 · 崔明福
펴낸이 | 홍덕률
펴낸곳 | 대구대학교출판부
경북 경산시 진량읍 대구대로 201
전화 053) 850-5661~3 | 팩스 053) 850-5669
http://press.daegu.ac.kr/
찍은곳 | 대호문화사
ISBN 978-89-7794-610-1-93370
정 가 | 10,000원

서문

통합교육을 향하여

이제 통합교육을 논할 때, 반드시 특수교육과 경제를 함께 논의해야 한다. 그 이유는 특수교육이나 일반교육이나 사회·경제적 큰 변화를 간과하고는 성립하기 어려운 시대가 되었기 때문이다. 그리고 통합교육이 장애아동과 비장애아동이 함께 사이좋게 학습하는 장소적 측면보다는 장애아동은 일반학급에서 배울 권리가 있다는 논점에 더 큰 의미나 의의를 생각하지 않으면 안되는 시대가 왔기 때문이기도 하다. 먼저 이미 상식으로 되어있는 사항을 중심으로 세계 특수교육의 흐름을 살펴보면 다음과 같다(落合, 1997).

근대적 특수교육의 틀은 1960년대에 만들어졌는데 그 시기에는 의학적인 모델 및 장애아동에 대한 치료적인 교육이 우세한 시대였다. 그 때에 북유럽의 일부 국가에서는 통합교육이나 정상화가 제기되었다. 덴마크의 Bank-Mikkelsen을 그 대표로 들 수 있다. 이러한 배경에는 장애인의 대형시설 격리나 2차 세계대전의 나치즘의 T4계획에 따른 장애인안락사계획과 같은 장애인의 인권유린 등에 대한 깊은 반성에 의한 것이다.

1970년대 후반부터 1980년대에서는 1975년 미국의 전장애아교육법(The Education for All Handicapped Children Act of 1975; P.L. 94-142)에 의해 보호자의 권리보장, 통합교육, 개별교육계획(IEP), 제한적 환경의 최소화(LRE) 등이 언급되었다. 1978년 영국 의회에서 가결된 워노크 보고서(Special Educational Needs: Report of the Committee of Enquiry into the Education of Handicapped Children and Young People: 장애인교육조사위원회)에 의해 Special Educational Needs(특별한 교육적 요구)의 인식이 제기되었다. 워노크 보고서에서는 교육학적인 접근이 의학적 접근보다도 더욱 다양한 것이고 장애아동의 과제는 아동 자신에 있는 것이 아니며 그 아동을 둘러싸는 환경을 정비하는 것부터 시작해야 하고, 보호자의 권리를 인정해야 하고 장애가 있는 아동과 장애가 없는 아동 사이에는 결정적인 경계선을 그을 수 없으며 정상화와 통합교육을 목표로 해야 한다는 것 등이 제기되었다. 이와 같은 인식은 특수교육의 역사에서 획기적인 사건으로 불리고 있다.

상기의 내용은 일반적으로 잘 알려진 사실이다. 그러나 Special Educational Needs라는 인식은 워노크 보고서에 의해 체계화되었지만 보고서 작성의 책임자이었던 메리 워노크(Mary Warnock)가 1973년 영국 의회에 이 보고서를 제출하도록 의뢰한 사람은 당시 에드워드 히스 내각에서 교육·과학성 장관을 역임하였으며, 후에 영국 수상(1979년-1990년)이 된 고(故)마가렛 대처이다. 마가렛 대처는 신자유주의의 기수로서 역사적인 인물이며 현대사의 중요한 정치가이기도 하다. 그렇다면 워노크 보고서의 성립과 신자유주의(New Public Management)가 어떻게 관련되어 있는지 생각해 볼 필요가 있는 것이 아닐까?

다시 말하면 워노크 보고서의 내용은 학생 간 경쟁이나 격차의 인정 및 실적주의를 표방하는 신자유주의와는 그 철학적 기저가 상반되어 있는 것처럼 보이지만 같은 전략 속에 위치해 있는지 아닌지를 확인할 필요가 있다는 것이다. 1990년대가 되어 살라망카(Salamanca, Spain)성명에 의해 Inclusion(완전통합)의 추진이 실시되어 사람과 사람, 조직과 조직의 연계·협력을 확립하기 위한 제도적 접근이 더해지는 분위기가 형성되었고 장애의 사회적 모델도 추가되었다. 나아가 장애가 있는 아동뿐만 아니라 여러 가지 이유로 어려움이 겪는 아동에 대해서도 지원을 하는 통합교육의 인식이 제기되었다. 또한 1970년대 후반에 있었던 특수교육과 일반교육의 대립도 이전보다 적어졌다. 일반교육의 한계도 인정받게 되었고 통합교육이 특수학교나 특수학급의 폐쇄를 의미한다는 것과 같은 인식은 사라졌다.

장애를 질병으로 보는 의학적 모델, 장애를 특별한 교육적 요구로 보는 교육적 모델과 함께 장애의 사회적 모델도 추가되었다. 이러한 모델은 서로 대립하는 것이 아니라 종합적으로 조직되어 장애의 범주, 장애정도를 나타낸다고 볼 수 있다. 즉, 중도(severe)의 장애라면 의료적 접근이 매우 중요하고 의학 혹은 병리적 모델로 설명되는 부분이 많은 장애범주일 것이다. 그렇지만 건강에 문제가 없고 교과학습에 곤란도 없지만 대인관계에 문제가 있는 장애라면 사회적인 문제가 중요하게 될 것이다. 즉, 2001년의 ICF(국제장애기능분류)에서 장애의 개인적 요인뿐만 아니라 환경적 요인도 언급되어 지금까지의 개인적 장애뿐만 아니라 환경적 요인의 문제도 해결해야 한다는 인식을 사람들은 가지게 되었다. 또한, 장애아동 뿐만 아니라 노인, 환자, 임산부 등 어느 누구든지 지원이 필요하다는 가능성이 있다는 것을 시사하여 당사자가 싫어하는 용어를 사용하지 않는다는 것이 규정되었다(WHO, 2001).

한편, 경제를 논할 경우 1991년의 구소련의 붕괴도 잊어서는 안될 것이다. 자본주의 경제체제에서도 생산과정의 문제(inflation의 순환적인 발생), 사회복지문제, 실업자의 증가, 기타 모순이 생기는 것을 피할 수 없었다. 사회주의 경제체제나 자본주의 체제나 경제활동의 활성화 및 효율화를 위하여 "경쟁" 원리를 재평가하고 그것을 사회구조 개혁의 기본 원리로 하려는 움직임이 나타났다. 중국, 베트남, 라오스 등 사회주의 국가에서도 일국양제(一國兩制: 한 국가의 두가지 경제제도)의 제도가 시도되었다(近江, 2002). 그리고 2008년 미국의 리먼브라더스 경영파탄에 의해 자본주의 경제가 결코 반석(盤石)이 아님을 사람들은 인식하게 되었다.

2006년 12월에 채택된 "국제연합 장애인권리조약"은 장애인의 기본적 인권을 촉진하고 보호하며 고유의 존엄존중을 촉진하는 것을 목적으로 2008년 5월 3일에 발효되었다. 2012년 3월 현재 ①권리조약에 서명하지 않은 국가는 아시아, 오세아니아지역에서는 아프가니스탄, 북한, 키르기스스탄, 타지키스탄, 이라크이다. 전 세계에서 ②권리조약에 서명한 나라는 153개국 ③권리조약과 의정서에 서명한 나라는 90개국 ④권리조약을 비준한 나라는 110개국 ⑤권리조약과 의정서를 비준한 나라는 63개국이다. 국가 수는 중복되어 있다.

순서로 보면, ①의 단계에서 ⑤의 단계에 이행하고 있는데 일본은 현재 ②의 단계이고 한국은 ④의 단계이며, 서유럽과 남아메리카의 대부분의 나라는 ⑤의 단계에 도달해 있다. 주요국이면서 권리조약을 비준하지 않고 있는 국가는 미국, 러시아, 그리고 일본이다. 주지하는 바와 같이 미국에는 ADA(미국 장애인법, Americans with Disabilities Act)가 있어 미국 국내법으로 충분하기에 권리조약에 굳이 비준하지 않아도 된다고 여기는 것으로 생각된다. ⑤의 단계에 달하고 있는 나라 가운데 서유럽 국가가 많지만 몇 가지로 이를 설명할 수 있다. 서유럽의 각 국가는 자본주의 국가의 역사, 민주주의 역사가 오래된 국가들이며, 신자유주의의 발단으로 된 국가, 젊은이들의 실업이 장기적으로 계속되고 있는 국가 등 여러 가지 역사적 사변을 경험한 국가라고도 말할 수 있다. 그럼 왜 특수교육과 경제를 같이 논해야 하는지는 다음의 이유 때문이다.

특수교육의 역사를 살펴보면 장애아동의 인권이나 권리를 어떻게 보장해야 하는 가의 역사처럼 보인다. 국제연합 장애인권리조약이 제시하고 있는 것과 같이 세계는 아직도 장애인의 권리가 보장되어 있지 않는 지금의 상황을 변혁시키기 위한 노력을 하지 않으면 안되는 상황에 처해있다. 井上(2006)가 진술한 바와 같이 권리조약의 차별금지는 물론이고 고유의 요구를 충족하기 위한 "합리적 배려"는 장애인을 특별대우하는 것 혹은 역차별하는 것이 아니라 그 배려에 의해 보편적 인권이 회복되고 보장된다고 봐야 하며 장애가 있는 아동들에 대한 교육적 지원뿐만 아니라 학습에 어려움이 있거나 생활에 곤란을 겪는 아동들에게도 적절하게 대응할수 있는 구조로 변화해야 할 필요가 있다. 그 이유는 시장주의 혹은 자본주의가 고도화되고 또한 가속화될수록 사회적 격차가 커지고 격차 간극이 더 벌어지는, 예전에 영국의 대처 정권이 경험한 것 같은 사회 불안의 증가를 생성하면 경제가 성장하더라도 결코 행복한 사회로 될수 없다는 딜레마에 빠지기 때문이다.

그렇다고 하여 시장주의나 자본주의의 진전을 제지시키는 것은 불가능하다. 당면한 경쟁원리와 비경쟁원리의 "공생(共生)"의 필요성과 경쟁원리와 비경쟁원리의 절충양식을 가진 구조도 생각하지 않으면 안된다. 통합교육이나 공생사회(共生社會; 함께 살아가는 공동체 사회)는 장애인의 권리를 보장하기 위한 도구이기도 하지만 고도의 시장주의 혹은 자본주의의 앞면과 뒷면의 관계라고 말해도 좋을 듯 싶다. 영국의 워노크보고서(Wornock Report)의 내용이 그 준비단계에서 재정파탄을 경험하고 실행되는 단계에서 신자유주의가 병행되어 진행된 마가렛 대처의 전략을 글로벌화나 고도의 시장주의경제·자본주의가 발전하고 있는 현재에 진지하게 고민, 검토하고 새로운 전략을 생각할 필요가 있다.

차례

2장 일본 특수교육의 새로운 흐름

3장 개별화교육계획의 한국과 일본 비교

01

통합교육과 경제

-일본의 특별지원교육은 한국에서 무엇을 배워야 할것인가-

落合俊郎

Ⅰ. 들어가며

특수교육의 역사를 살펴보면 장애에 대한 견해가 의학적 모델로부터 교육적 모델로 그리고 사회적 모델로 변화되어 왔다. 그리고 특수교육의 형태는 특별한 장소에서 별도의 교육을 진행하는 분리교육 체제에서 통합교육으로 변천되어 왔다. 통합교육은 1994년의 유네스코에 의한 살라망카 성명(1994)에 제시된 것과 같이 장애가 있는 아동뿐만 아니라 그 어떠한 곤란을 갖고 있는 아동에 대해서도 지원하는 교육체제이다. 국제연합의 장애인권리조약에서도 장애인의 차별금지는 물론이고 고유의 요구를 만족시키기 위한 "합리적 배려"는 장애인을 특별 대우하거나 역차별 하는 것이 아니라 그 배려에 의해 보편적 인권이 회복되고 보장된다고 봐야 하며 장애가 있는 아동에 대한 교육적인 지원뿐만 아니라 학습곤란이나 생활에 곤란을 겪는 아동들에게도 적절하게 대응할 수 있는 구조로 변화해야 할 필요가 있다는 것이다. 이 점에 관해서는 1994년에 진행된 한국의 특수교육진흥법의 개정이 동아세아에 있어서 획기적이고 계통적이었다고 말할 수 있다.

경제와 통합교육의 관계에 있어서 "통합교육(inclusion)을 지향하는 학교는 학력 격차와의 전쟁, 모든 사람을 받아들이는 지역사회, 공생사회를 구축하는것, 모든 아동의 성적이 제고되는 교육, <u>교육제도 전체가 효율적이며 최종적으로는 재정효율을 이끌어가는것</u>"(UNESCO, Ministry of Education and Science Spain, 1994, p10: 밑줄은 필자가 그었음)을 의미한다고 볼 수 있다. 그러나 현시점의 동아시아에서는 통합교육의 지향이 장애아동의 권리로만 언급되어 있을 뿐 사회나 학교의 개혁을 목표로 하지 않으며 의학적 모델처럼 중도장애아에 중점을 두고 경도장애아에 관한 교육, 점차적으로 심각해지는 사회적인 격차의 증가에 의한 학력 차이의 심화, 사회적 격차의 연쇄반응에 의해 생기는 사회의 질의 악화를 고려한 통합교육은 아니다. 또한 통합교육에 대해서도 1970년대 후반에 이탈리아에서 일어난 것과 같은 특수교육 폐쇄론을 항상 갖고 있으며 통합교육의 추진에 따라 특수학교나 특수학급이 없어지지 않는가 하는 치졸한 풍문도 나돌았다. 그러나 살라망카 성명이 나온 뒤에도 거의 대부분의 나라들에서는 특수학교나 특수학급에 재적하고 있는 학생 수가 감소된 것이 아니라 증가하였다(落合, 2012).

1992년의 소련의 붕괴에 따라 거의 모든 국가가 자본주의 혹은 시장주의 원리에 의한 체제로 되었고 사회주의 체제의 나라도 정치체제는 사회주의이지만 경제는 자본주의 혹은 시장주의 원리의 일국양제(一國兩制)로 되었다. 그러나 자본주의 경제체제에서도 생산과정의 이상 현상(인플레이션의 순환적인 발생), 사회복지문제, 실업자의 증가, 기타 모순의 발생을 피할 수 없었다. 사회주의 경제체제나 자본주의 경제체제나 경제활동의 활성화 및 효율화를 위한 "경쟁"의 원리를 재평가하고 이것을 사회구조개혁의 기본원리로 하려는 움직임이 나타났다. 이러한 세계적 상황 속에서 장애의 존재, 혹은 충분히 경쟁에 대응하지 못하는 취약계층의 대우가 큰 과제로 되었다. 글로벌화 혹은 시장주의의 고도화됨에 따라 사회적 격차가 심화되고 머지않아 세대에 거쳐 격차의 연쇄반응이 생겨 이른바 "패자"가 부활할 수 없게 되면, 시장주의가 고도화 되고 가속화 될수록 그 격차가 확대되고 따라갈 수 없는 현상이 생겨 사회불안이 증가하게 된다.

이러한 상황은 이미 영국에서 일어났으며 1976년의 재정파탄에 따라 국제통화기금(IMF)의 지원과 관리 하에 들어갔고 재정파탄의 회복방법으로 신자유주의(New Public Management) 경제체제가 실시되어 구조개선과 재정 재건설이 진행되었다. 영국의 이 위기를 강력하게 헤쳐나간 이가 마가렛 대처이며 그 전에 특수교육의 방향을 크게 변화시킨 워노크 워원회를 자문한 것도 마가렛 대처이다. 우연하게도 현재 세계 경제에 여러 가지 문제가 빈발하고 있을 때 국제연합의 장애인권리조약 비준이 진행되었다. 그러므로 교육에서는 통합교육의 실행이 제창되고 있을 때 통합교육과 경제의 문제를 논의하는 것도 의의가 있다고 생각한다.

시장주의과 경쟁을 강조한 신자유주의사상은 승자가 독점하는 새로운 세계질서를 만들었다(김봉화·김재호, 2010). 그리고 사회주의 경제체제 하의 중국, 베트남, 라오스 등에서는 계획경제 하에 경쟁원리(시장주의)를 적극 도입하는 "일국양제"가 진행되었다(近江, 2002). 그러나 30년 이상에 걸쳐서 진행되어 온 신자유주의도 위기에 직면하고 있다. 한국이나 일본도 노동시장의 유연화(노동시장의 불안정화), 작은 정부론, 자유시장경쟁의 중시, 각종 규제의 완화, 공적 기업의 민영화 등이 심화되고 있다. 한국은 현재 고용이 없는 경제성장 중이고 할 수 있고 일본에서는 젊은 세대의 실업률이 높고 사회적 양극화 현상과 계층 간의 빈부격차가 새로운 사회적 위기로 부상하고 있다. 이러한 위기가 한국의 사회적 기업을 등장시킨 직접적인 원인이라고 말할 수 있다. 그러나 주요국의 지니계수(소득분배의 불평등 지수)인 CIA(2010)의 데이터에서 보면 1위가 미국이고 2위가 터키, 3위 일본, 4위 뉴질랜드, 5위 영국, 6위 스위스, 7위 캐나다, 8위 이탈리아, 9위 스페인, 10위 한국이다. 이러한 자료를 살펴볼 때 사회적 양극화 현상에 의한 위기는 한국보다도 오히려 일본이 더 크다는 것을 알 수 있다.

Ⅱ. 특수교육의 변혁과 경제

1. 무엇 때문에 공생사회(social inclusion)를 구축하는가

1) 저출산/고령화사회의 과제

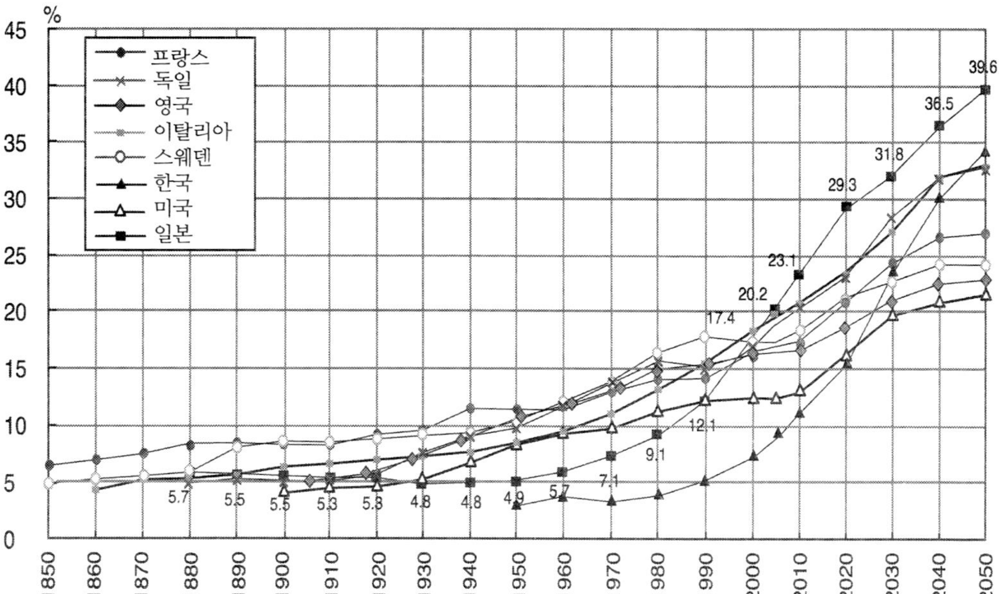

〈그림 1-1〉 주요국가의 인구고령화율 장기 및 미래 전망

그림 1-1은 주요국가의 인구고령화율의 현상을 나타낸 것이다. 그림 1-1에서 볼수 있듯이 일본은 21세기에 들어서서 가장 고령화율이 높은 나라이고 인류가 아직 경험한 적 없는 인구감소의 상태에 들어있으며 한국은 현재 세계에서 고령화률이 매우 빠른 빠른 국가

로써 2020년쯤부터 유럽의 고령화률에 도달할 것이다. 나아가서 일본에서는 65세 이상의 고령자가 집락 전체의 50% 이상이 되어 그 고령자들이 머지않아 사라지고 마는 한계집락(限界集落)의 집락 증가가 과제로 되고 있다. 다시 말하면 인구의 고령화는 일본과 한국을 비교할 때 한국은 일본보다 20년 늦지만 일본과 같은 인구구조로 되어있다. 일본과 한국은 무엇 때문에 기타의 OECD국가들과는 달리 고령화가 빠른가를 검토하고 그 해결방책을 명확히 할 필요가 있다고 본다.

2) 재정문제

그림 1-2는 각 국가재정의 재정적자와 재정책무잔고를 나타내고 있다. 그리스의 재정파탄으로 인해 유럽연합의 재정상황이 불안정하게 되었고 세계 경제에도 큰 영향을 끼치고 있다. 그러나 그리스의 재정규모는 일본의 아이찌현(愛知県)만큼의 규모인데 만일 일본이 그리스와 같은 재정파탄을 할 경우 굉장한 악영향을 세계 각국에 미치게 된다는 것은 상상하기 어렵지 않다. 또한 2012년 동일본대지진에 따른 재정적 타격은 이러한 경제상태에 더욱 박차를 가하게 되었다. 한국은 영국보다 20년 후인 1997-98년도의 IMF위기에 빠졌지만, 그러한 외부적인 압력에 의한 변화와 사정이 없었던 일본의 책무 잔고는 그 억제가 불가능하게 되었다는 감이 든다.

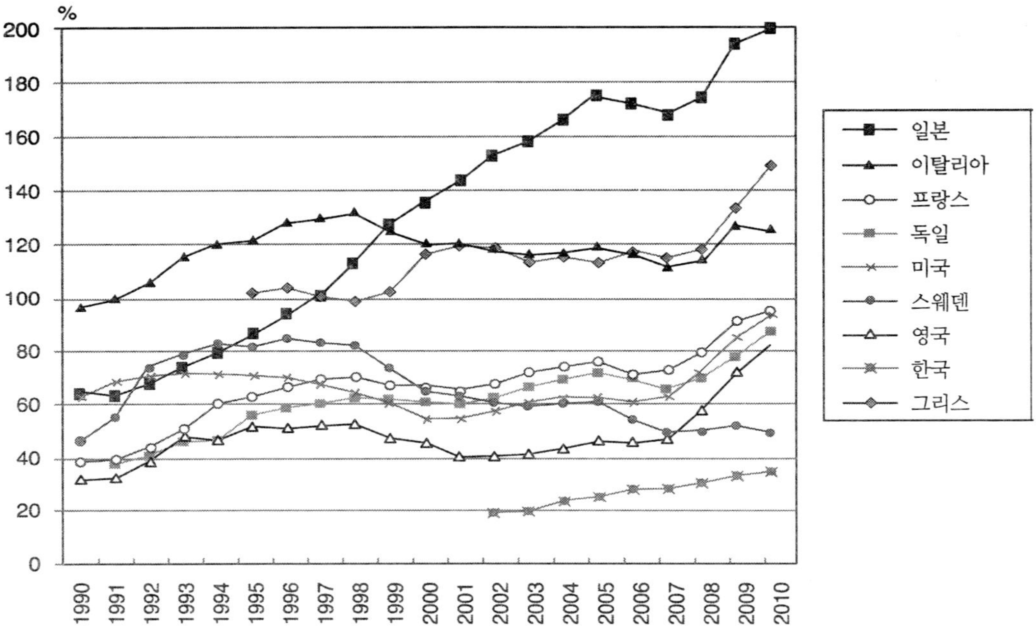

〈그림 1-2〉 정부책무잔고의 추이에 관한 국제 비교

네바다(Nevada)보고서로 통칭되는 보고서에는 일본 재정파탄에 대한 IMF의 처방전(http://ihore.jp/nevada.htm)이 이미 작성되어 있다고 한다. 그 보고서의 주요 내용은 ①공무원 총수의 30%를 삭감하고 봉급의 30%를 삭감, 보너스 전부삭감 ②공무원의 퇴직금은 100% 전부삭감 ③연금은 일률적으로 30%삭감 ④국채의 이자 지불은 5-10년간 중지 ⑤소비세금 20% 인상 등이다. 이러한 상황을 피하기 위해 "큰 정부"에서 "작은 정부"로 이행해야 한다고 할 때 예산의 감소가 필연적으로 생기므로 필요한 사업도 축소할 수 밖에 없다. 큰 정부에서 작은 정부로 이행할 때 자원봉사자, NGO나 NPO조직의 활약과 시민의식의 육성도 촉진할 필요가 있다.

특별지원교육(우리나라의 특수교육에 해당됨)의 분야에서는 전문성의 확대가 더욱 더 필요할 것이다. 치료지원적 방법에 가하여 조직구조나 연계 공동체제 구조를 위한 전문성이 필요할 것이다. 자원봉사자의 육성에는 세심한 교육을 별도의 장소에서 진행하는 것이 아니라 비장애 아동이 장애아동을 이해하고 그 지원방법을 실행하기 위해서는 교사가 될 수 있는 한 통합교육을 실현하기 위해 노력하지 않으면 안 될 것이다. 비장애 아동이 성장했을 때 장애가 있는 사람뿐만 아니라 고령자에 대해서도 어느 정도의 상식과 지원방법을 알고 있는 자원봉사자로 일할 수 있어야 한다. 교류교육이나 공동학습 등과 같은 방식으로 장애아동의 사회성을 키우기 위한 종래의 의견과는 다른 관점도 추가하여 진행해야 한다.

2. 공생사회(social inclusion)까지의 경과

1) 신자유주의(New Public Management)에 관해

세계의 특수교육의 패러다임을 크게 변경시킨 계기 중 하나로 Special Educational Needs(특별한 교육적 요구)의 이념에 기초한 영국의 워노크 보고서가 있다. 이 보고서는 26명의 위원에 의해 2년 6개월의 시간이 걸려 작성되었는데 위원회는 1973년에 조직되었으며 위원회를 구성한 당시의 영국 교육과학장관은 전술한 대로 마가렛 대처이다.

연도	수상이름	집권 정권 및 주요사항
1945년~1951년		**노동당정권**
1951년~1964년		**보수당정권**
1964년 부터		**노동당정권**(1964년부터 1970년까지)
1968년 4월~1970년 6월	Edward Short	
1970년 6월~1974년 3월	Margaret Thatcher	**보수당정권**(1970년부터 1974년까지) 1973년 Mary Warnock에 장애아(인)교육조사 위원회의 위원장을 자문
1974년 3월~1975년 6월	Reginald Prentice	**노동당정권**(1974년부터 1979년까지)
1975년 6월~1976년 9월	Fred Mulley	1976년 : 영정부IMF금융조건을 받아들임
1976년 9월~1979년 4월	Shirley Williams	1978년 5월 워너크보고를 의회가 가결·승인
1979년 4월~1981년 9월	Mark Carlisle	**보수당정권**(1979년부터1997년까지) 보수당정권 Margaret Thatcher가 수상 Thatcher는1990년까지 수상

〈그림 1-3〉 워너크 보고와 전후 정치체제와 영국의 교육부장관

마가렛 대처는 1979년에 수상으로 당선되었고 New Public Management (신자유주의)라고 불리우는 재정재건설과 행정개혁을 진행하여 그림 1-3에 제시한 바와 같이 큰 정부에서 작은 정부로 국가경영의 방향을 크게 변화시켰다. 이른바 대처리즘이다.

같은 시기에 미국에서는 레이건 대통령에 의한 레이건노믹스(Reaganomics)도 이와 같은 신자유주의 개념에 기초하여 진행되었다. 특수교육분야에서는 Special Educational Needs모델이 장애의 개념과 특수교육의 새로운 관념으로 평가되었지만 그 배경에 있는 국가의 경영 방향은 큰 정부에서 작은 정부로의 전환과 시장주의로 회귀라는, 오히려 장애가 있는 사람에게 있어서는 역방향으로 향한 흐름이었다. 마가렛 대처를 비판적인 보는 사람들은 “역사의 바퀴를 거꾸로 돌린 여자”, “반복지주의자”, 혹은 “반사회주의자”, “반조합주의

자"(森嶋,1988)로 부르는 데 이는 Special Educational Needs의 내용과는 너무 다른 정치철학이었다.

대처리즘에 의하여 큰 정부에서 작은 정부로의 전환과 시장주의, 즉 경쟁의 원리를 교육에 도입하고 성과에 근거한 관리수법을 도입하는 내용 등은 워노크 보고서에서 찾아보기가 어렵다. 또한, 신자유주의 혹은 대처리즘에 향하기 전에 다음과 같은 내용을 워노크 보고서에서 찾아볼 수 있다. ①잉글랜드, 웰스에서 진행된 특수학교와 특수학급의 교원에 지급되고 있었던 특별수당을 폐지할 것을 제안(재정의 긴축화) ②잉글랜드와 웰스에서 맹·농·난청의 아동에게 공예과, 가정과, 수공과를 가르치는 교원은 특수교육교사 자격이 면제되어 있었으나 그 규정을 철회하는 제안(공무원의 전문성에 관한 책무성) ③보호자의 권리를 인정하고 교육결과에 관한 평가에 참가시키는 등이 제안되었다(책무성과 납세자의 권리).

워노크 보고서를 기반으로 1981년에 법률이 제정되었으나 그 법률의 정신과 대처리즘의 철학은 결코 일치한 것은 아니었다. 1988년 교육법에 의하여 학교 간의 경쟁 원리의 도입, 학군을 제한되지 않는 학교의 선택, 통일된 교육과정과 통일된 시험결과에 의한 예산의 선택적 분배, 경쟁의식의 고무 등이 제기되어 특별한 교육적 요구가 있는 아동들은 오히려 곤란을 겪는 시기였다.

대처가 수상으로 되기 전의 정치 및 경제상황에 대해 알아보면 다음과 같다. 그림 1-3에서 볼 수 있는 바와 같이 영국의 정권은 보수당과 노동당 두개 정당이 번갈아 집권하고 있었다. 특히 "요람에서 묘지까지"의 복지정책은 노동당만의 책임이 아니라고 생각하지만 1976년 노동당 정부의 재정파탄으로 IMF의 재정지원과 감독에 놓일 정도로 영국은 큰 어려움을 안고 있었다. 이러한 상황 속에서 이미 큰 정부론을 제기한다는 것은 불가능한 일이라는 것을 알 수 있다.

대처리즘은 재정을 회복시키는 데는 성공하였다. 그러나 여러 가지 과제도 가져왔다. 그것은 역시 격차의 문제이었는데 격차에 의해 사회적 문제를 초래하게 된 것이다. 그러나 이 시기에 작은 정부론과 동시에 사회복지예산의 삭감, 새로운 복지의 방향, 말하자면 자본주의과 사회복지의 공생이라고 해야 할 사회적 기업의 설립도 이시기에 완성되었다. 보수당정권이 1979년부터 1997년까지 계속된 후 노동당내각이 성립되었고 거기서 "제3의 길"이라고 일컫는 정치형태가 성립하였다.

2) 신자유주의의 행정개혁과 특수교육의 방향

〈표 1-1〉 신자유주의하의 행정제도의 변혁과 Special Educational Need

(近江幸治, 2002)

전통적 관료시스템	신자유주의에 의한 시스템	Special Educational Needs
법령규정에 의한 관리	목표 · 분업에 의한 관리	· 법령적인 장애분류를 중지하고 특별한 교육적요구라는 교육목표에 이행 탈범주화 · 20%의 아동에 특별한 교육적 요구가 있음 (제도밖에 재적하고 있는 아동에로의 지원)
단일의 직무에 특화한 분업시스템	서비스제고의 효율화를 위한 유연한 조직 운영	· 의학적인 범주분류로부터 교육학적 대응에로 이행 · 장애아동과 비장애아동의 연속성
명확한 단계제도	· 자립적인 업적평가의 단위인 소규모적 조직간의 계약에 의한 매니지먼트 · 민간위탁과 내부시장시스템의 활용, 공적기업의 민영화, 민간위탁 · 바우처, 에이전시의 도입	· 개별교육지도계획에 의한 평가에 보호자의 권리를 도입 · 특수학교의 센터화 · 장애아동과 비장애아동의 연속성 · 특수학교에 간호사, 보육사의 도입 · 시민의식 육성에 의한 자원봉사활동의 촉진 · Namedd Person 재도(보호자의 사적후견인제도)에 따라 보호자가 사용하기 쉬운 제도에로의 이행과 제한없이 주민 구역에 가까운 지원데도의 구축

전략적 매니지먼트의 결여	제공측의 일방적인 의사결정이 아니라 고객(국민 혹은 이용자)측의 요구를 반영한 매니지먼트, 「서비자제일」 혹은 「선택의 자유」를 적응할 수 있는 선택영역의 확대	· 본인·보호자의 권리를 긍정 · 통합교육 · 정상화 · 책무성·회계책임 · 보호자의 재심청구권을 긍정

표 1-1은 신자유주의에 의한 시스템과 당시의 Special Educational Needs의 내용을 비교한 것이다. 전통적인 관료시스템에서는 법령규제에 의한 관리가 각 학교간의 격차를 초래하여 탄력성이 결여된 부분도 있었다. 특수교육에서는 이러한 과제를 해결하기 위하여 법령적인 장애분류를 중지했다(탈범주화)고도 볼 수 있다. 여기에는 서비스 제공의 효율화를 위한 유연한 조직운영도 부과되었다.

개별화교육계획에 의한 평가에 보호자의 권리가 도입된 것과 특수학교의 센터화는 기업이나 행정수준에서 진행된 "자립적 업적평가의 단위인 소규모 조직 간의 계약에 의한 매니지먼트"의 도입이라고 생각한다. 시민의식의 성숙에 따른 자원봉사활동의 촉진과 특수학교에 간호사, 보육사의 도입은 정치적으로는 민간위탁이나 내부시장 시스템의 활용, 공기업의 민영화, 민간위탁 및 바우처제도(voucher)와 대리인제도(agency) 도입의 영향을 받은 것일 수도 있다. 본인이나 보호자의 권리를 보장하고 Named Person제도(보호자의 사적 후견인 제도)에 따라 보호자의 의견을 반영할 수 있는 제도, 통합교육이나 정상화의 이론 하에 교육 제공자(국가, 학교, 교사 등)의 일방적인 의사결정이 아니라 고객(국민, 학습자 혹은 이용자)측의 요구를 반영한 매니지먼트, 소비자제일주의 혹은 선택의 자유를 적용할 수 있는 선택 영역의 확대를 계획한 것이 아닐까 싶다.

한편 많은 국가들이 통합교육과 지방분권을 동시에 진행시키고 있다. 이것을 대처리즘에 빗대어 보면 "책임이 수반하는 사회란 각 자가 수행해야 할 책임을 타인에게 강요하지 않고 스스로가 완수하는 사회이다. 서로가 도와주고 부모가 자식을 제일로 생각하고 친구가 이웃을 돌보고 가족이 노인을 돌보는 사회이다. 서로가 돌봐주고 이웃에게 도움을 준다. 그것이 출발점이다(Harris K, 1998)"라는 것과 일맥상통하지만 재정적으로 보면 작은 정부를 실행하기 위해서는 고령자나 장애인이나 모두 지역주민이고 그들에 대한 교육적, 의료적, 사회적인 책임은 중앙정부에게 있는 것이 아니라 지방정부에게 있는 것이며 지방분권을 실시함에 따라 재정적인 이득도 손실도 있지만 그 손실만 중앙정부에 떠맡기는 것이 아니라 지방도 그 만큼의 노력을 할 필요가 있다는 의도였다고 생각한다.

3. 영국의 대처 정권 하의 특수학교의 상황

1) 대리인 제도(agency)이론 도입의 영향인가?

향후의 특수학교 방향을 모색하기 위해 영국의 대처리즘 하에 특수학교 상황을 알아보는 것은 의의가 있다고 생각한다. 즉, 행정 수준에서 진행된 신자유주의라는 정치적인 필터를 통과한 후의 특수학교 상황을 알아보고자 한다. 저자는 스코트랜드의 Woodland Hospital School(지체부자유 및 지적장애 종합특수학교)에 1986년 몇 달 동안 정기적으로 방문하였다. 그때는 영국의 보수당집권(1979년~1997년)의 중간 시기였다. 이 특수학교는 초등부부터 고등부까지 기숙제 종합특수학교이다. 학생 수는 80명이고 한 학급당 5명부터 10명의 아동이 재학하고 있었고 2명부터 3명의 교사가 담당하고 있었으며 교사 한 명당 평균 아동 수는 2.5명이었다. 아동의 장애정도와 수업내용은 현재 일본의 종합특별지원학교와 거의 비슷하였다. 학교소개 책자에는 물리치료사, 작업치료사와 간호사 등과 같은 의료지원팀의 협력도 명문화 되어 있었다. 그러나 다음과 같은 교사의 구성 내용을 보고 놀랐다. 전임교사 15명, 시간강사 1명, 전일제 인스트럭터(교사가 아님) 3명, 상근보육사 15명, 수영장 담당직원 1명, 방문교사 2명으로 구성되어 있었다. 워노크 보고서에 입각하여 사전평가, 단기목표, 장기목표를 세워 보호자에 대한 책무성을 수행하면서 개별화교육계획을 작성하고 있었다.

당시 이 학교에는 여름 계절제 수업이 실시되어 교직원, 보호자 그리고 의무봉사자가 운영하고 있었으며 보호자가 희망하는 가정의 아동만 통학하고 교직원은 절반씩 여름 휴가를 얻는 형식을 취하고 있었다. 교재 보관실을 겸한 놀이도구 도서관이 있고 외부에 대출도 하고 있었다. 여름방학에는 이동놀이공원, 겨울에는 유료마라톤 대회(가장 빠른 주자가 제일 많이 기부를 하는 마라톤 대회)개최, 교직원에 의한 가두모금활동 등도 진행하고 있었다. 여기서 주목해야 할 점은 특수학교의 직원 37명중 교사는 전임교사가 15명이고 방문교사 2명 등 총 17명이며 나머지 15명은 보육사인 점이다. 그림 1-3과 같이, 신자유주의 하에서 이러한 방법은 대리인제도(agency)의 활용에 의한 예산의 탄력적 사용으로서 행하여졌다.

2) 특수교육의 방향은?

당시(1986년)의 영국을 현재의 한국과 일본과 비교하고자 한다. “개별화교육계획” 혹은 “개별지도계획”을 작성하여 수업의 지속성과 보호자의 동의를 담보하고 "개별화교육지원계획"을 완성하여 공적 기관간의 연계가 효율적으로 진행하고 교사가 지도력을 발휘한다면 보육사나 인스트럭터(instructor)가 전체 교사의 절반 정도 학교에 있어도 수업에는 아무런 지장은 초래하지 않는다는 것은 무슨 의미일까? 일본에서는 중도 및 중복 장애아일수록 전문성이 높은 교원을 배치해야 한다는 신념과 같은 것이 있다. 그러나 "놀이"를 중심으로 한 수업을 준비하거나 악기를 연주하거나 노래부르고 춤추고 교실을 예쁘게 꾸미는 등의 전문성은 경력이 높은 교사보다 젊은 보육사가 더 잘할 수 있다. 일본에서는 흔히 볼 수 있지만 일반학교의 학급 담임교사가 전직하여 곧 바로 중도 및 중복 장애아동을 담임했을 때 경험이 풍부한 교사가 지원해 주고 세심한 "개별지도계획"과 "개별교육지원계획"을 준비한다면 교내 교사구성의 절반 정도는 보육사가 담당하더라도 괜찮다는 논리가 영국에 있었던 것일까?

Woodland Hospital School 주변을 보면 반경 2km이내에 루돌프 슈타이너학교의 입소 시설이 3군데 있었다. 각각 3개의 다른 유형의 시설이 있었는데, 특수학교형 시설, 호스텔(그룹홈형 시설)과 복지공장이었다. 호스텔의 조직은 1층에는 주택의 소유자가 거주하고 2층은 방마다 독실로 되어 있어 장애가 있는 성인이 살고 있었다. 이 지역이 분양되었을 때 가격이 저렴했지만 부대사항으로써 1층은 소유자 거주, 2층은 장애인용 호스텔로서 사용하는 것이 조건이었다. 이 조건을 이해하고 인정하는 사람만이 그 곳에서 살 수 있었다. 복지공장의 작업실에서는 빵을 제조 및 판매하고 있었으며, 스코틀랜드의 특산물인 크리스털 유리제품을 제작하고 있었다. 또 이 안에는 훌륭한 극장이 있어서 연극이나 영화를 상영하고 있었는데 주로 지역주민이 영화를 볼 때 여기를 이용하고 있었다. 또 드나드는 자원봉사자의 자동차 대부분이 독일 번호판을 붙이고 있었다. 그들은 독일의 양심적 병역거부자이며 병역과 사회봉사활동 중 어느 한 쪽을 선택할 수 있는 제도를 이용해 온 청년들이었다. 그들은 영어공부와 병역 의무의 일석이조를 노려서 여기에서 활동하고 있었다. 그리고 일본에서 말하는 장인에 해당하는 사람들과 유명한 유리공예 디자이너들이 입소 장애인들에게 크리스털 유리제품 공예 작업을 지도하고 있었다.

이와 같이 그 시설에서는 높은 자원봉사정신 혹은 시민의식을 볼 수 있었다. 또 다른 도시에서는 5년 전 400명 있었던 입소형 대규모 시설이 흔적도 없이 사라지고 있었다. 남아 있는 직원에게 물으니 "그렇게 된 것(시설이 사라진 것)은 정상화때문이다. 모두 자기 집으로 돌아갔다"라고 말했다. 그리고 장애인의 고용창출을 위해서 특별히 만들어진 것 중 하나는 사회적 농장(social farm)인데 이 농장은 일종의 사회적 기업이었다. 이러한 사회적 농장은 1970년대에 이탈리아에서, 1980년대에는 네덜란드, 독일에서 시작되었다. 처음에는 주로 정신지체장애인을 위한 사회적 농장으로서 출발했으나 1980년대 이후 신자유주의가 발흥하여 사회 및 환경적 문제로써 고령화사회, 장애인 고용, 지구환경, 여성, 홈리스(homeless), 청소년 교육, 지역사회개발, 개발도상국 원조 등의 여러 가지 문제를 해결하기 위해 사회적 농장은 확대되고 발전되었다. 유럽에서는 작은 정부론이 힘을 얻어서 이러한 여러 문제의 해결을 모두 중앙정부가 책임지는 것을 대체하기 위한 선택 사항의 하나로 사회적 기업이 탄생했다(谷本, 2006).

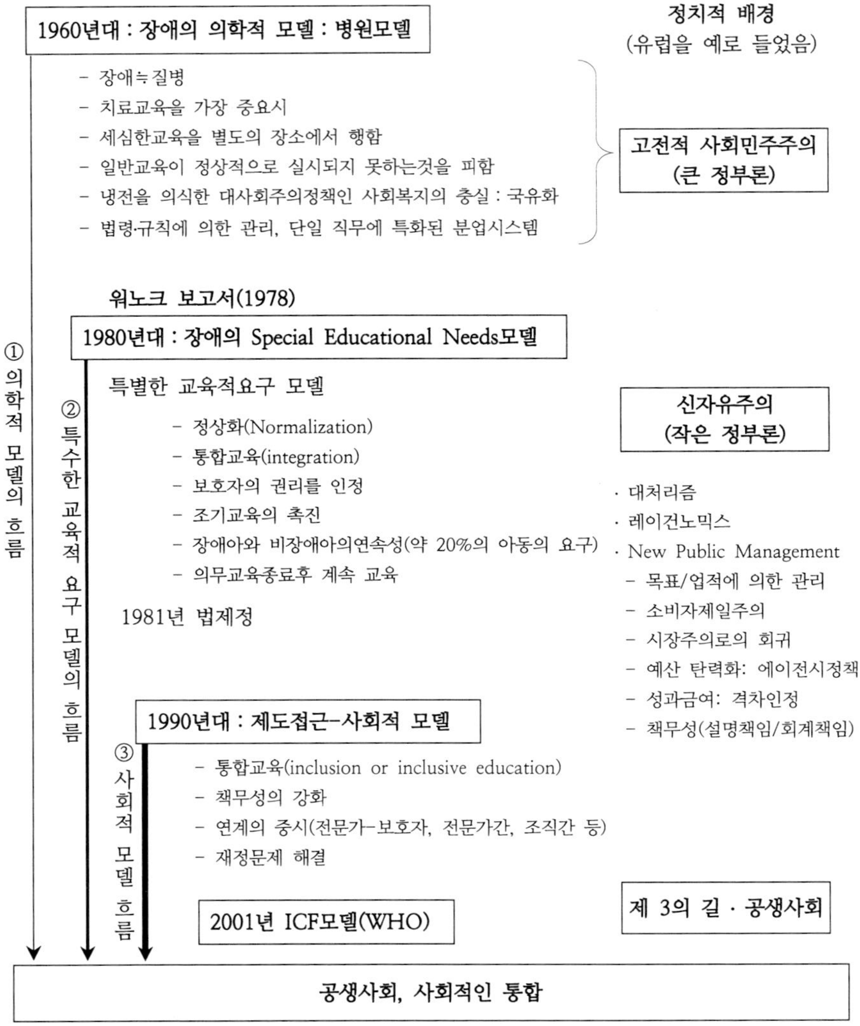

우측부분은 近江 ; 2002를 참고하였음

〈그림 1-4〉 특수교육의 변천과 국가의 존재방식

Ⅲ. 공생사회(social inclusion)설립의 요건

1. 의학적 모델, 특별한 교육적요구의 모델, 사회적 모델의 관계

그림 1-4 중의 아래로 향한 ①②③의 화살표는 각 시대의 장애에 관한 패러다임(paradigm)인 ① 의학적 모델, ② 특수한 교육적 모델, ③ 사회적 모델의 흐름을 나타내고 있다. 각 화살표가 도중에서 끊어지는 것이 아니라 계속 이어지고 있는 것에 주목하기 바란다. 의학적 모델로 해결할 수 있는 장애도 있을 것이고 특수한 교육적 모델로서 학교교육 속에서 중요시해야 할 장애 혹은 곤란도 있다. 또 "개별화 교육지원 계획"과 같이 아동의 생애에 걸쳐 유관기관 간의 연계나 자원봉사, NPO, NGO등 지원체제의 육성 및 연계를 실시해 나가기 위해서는 제도적인 접근(조직론적 접근)도 필요하게 된다. 통합교육이란 이 세 가지의 패러다임이 아동의 요구에 맞춰 서로 관계를 맺고 있는 상황이다. 즉, 의학적 모델은 중도 및 중복장애아와 같이 의료적 서비스가 필수적인 아동에게 아주 중요한 의미를 가지고 있다. 그러나 발달장애가 있는 아동의 경우, 약물요법이 필요하다면 이러한 의학적 모델의 적용이 필요하겠지만 특수한 교육적 요구라고 하는 관점에서 수업 중의 여러 문제를 해결하는 시간과 에너지를 필요로 하는 경우가 압도적으로 많을 것이다.

일본 문부과학성 제25호 통지에서 "7. 교육활동 등을 진행할 경우의 유의사항 등 (1)장애 종류별과 지도상의 유의사항"으로 "장애가 있는 유아, 아동, 학생의 지원에서는 장애 종류별 판단도 중요하지만, 해당 유아, 아동, 학생에게 나타내는 어려움에 보다 중점을 둔 대응에 유념할 것. 또한, 의사 등에 의한 장애진단이 실시되고 있을 경우라도 교원은 그 장애의 특징이나 대응을 고정적으로 인식하지 않도록 주의

함과 동시에 그 유아. 아동, 학생의 요구에 맞는 지도나 지원을 검토할 것"이라고 명시되어 있다. 더우기 취업 문제나 사회 적응에서는 많은 조직이나 기관의 유기적인 관계가 학교에서의 교육기간(期間)보다도 더 길게 필요하게 되고 제도적인 접근이 필요하다.

2. 장애인의 인권과 지역의 책임

세계 특수교육의 일련의 흐름을 볼 때 정치방향이나 경제문제와 대비해서 볼 기회는 그다지 없었다. 오히려 그러한 시점에서 보는 것을 금기시 해왔다. 그러나 국제적으로 특수교육 패러다임(paradigm) 변환의 고비에는 반드시 사회경제적 시책의 변화가 어른거린다. 지금 일본도 제도개혁이나 재정개혁이 필요하고 작은 정부의 구축과 사회적 격차의 생성에 의한 경쟁심 고취, 모든 분야의 시장주의 도입 등에 의한 경제부활의 목적은 그야말로 대처리즘이나 레이거노믹스(Reaganomics)의 시대를 연상시킨다(大瀧 外, 2006).

특히, 오늘날의 일본 정부 정책의 기초는 대처리즘의 모델이라고 여겨진다. 대처리즘은 도의적인 규범과 빅토리아 왕조시대의 가치관이며 "책임이 수반하는 사회란 각 자가 수행해야 할 책임을 타인에게 강요하지 않고 스스로가 완수하는 사회이다. 서로가 도와주고 부모가 자식을 제일로 생각하고 친구가 이웃을 돌보고 가족이 노인을 돌보는 사회이다. 서로가 돌봐주고 이웃에게 도움을 준다. 그것이 출발점이다 수백만명 사람들의 묵묵한 노력, 수천만명의 자원봉사자의 헌신적인 활동이 있는 사회……사람을 돌본다고 하는 것은 입에 발린 말이 아니라 당신이 무엇을 하는 가로 나타난다"라는 것이 주요 근본이다(大空, 1991). 中西(2005)는 "대처의 개혁에서 배우는 교육정상화의 길"

에서 경제적 문제의 해결방안으로 대처리즘, 교육기본법의 개정, 교장의 리더쉽 보장, 역사교과서의 재검토, 종교교육의 충실과 가족강화의 시도 등을 언급하고 있다.

3. 시민의식의 조성

행정부나 행정기관이 톱다운(top-down) 방식으로 모든 결정을 하면 시민이 스스로 생각하고 스스로 행동하는 태도의 육성이나 시민의식의 육성은 성숙되지 않는다. 많은 나라에서 보호자의 교육권이나 재심 청구권의 보장, 개별교육계획 작성에서 보호자 의견도입 등이 실시되고 있다. 이러한 배경에는 여러가지 정보를 가지고 있는 보호자 의견의 중요성이나 학교 측 의견과 보호자 의견이 엇갈리면 교육의 성과를 담보할 수 없다는 합리성뿐 만 아니라 보호자는 자신의 의견이 반영되는 학교에 대한 기대와 주인의식을 가지고 학교나 사회와의 파트너십을 구축하게 된다. 그리고 학교교육 종료 후의 사회와의 접점을 구축하는 힘이 가질 수 있다. 자신의 의견이 반영되지 않는 사회 상황에서는 장래에 대한 불안감이 팽배해지면 사람들은 국가나 지방정부에게서 될 수 있는 한 많은 돈을 받는 쪽이 낫다는 의식이 생기게 되고 작은 정부를 선호하지 않을 것이므로 국가재정이 파탄되거나 말거나 자신의 것만을 지키고자 하는 의식이 강하게 된다.

대처정권 2기 무렵의 취학지도 체제를 보면 취학지도의 진행방법은 보호자 의지를 반영하는 보호자 주도의 진행방법, 재심청구권의 제시, 일반교육의 희망의지를 수용하고 스티그마(stigma)의 경감을 어떻게 처리하는가 등 보호자를 존중하는 취학지도가 행하여지는 상황을 엿볼 수 있다. 적극적으로 보호자를 존중하고 그들의 의견을 듣는 자세를 나타내는 취학지도를 행하고 있었다. 보호자가 상의하달(上意下達)에 의해 행정처분을 받게 되었다는 인식을 받지 않도록 배려하고 보호자 권리와 의무를 명확히 규정하는 등 그 당시 취학지도체제는 지극히 전략적인 것이었다(落合, 1988).

田村(2004)는 세 가지 종류의 시민상을 제안하고 있다. 우선 시민의식이란 자기가 살고 있는 지역에 애착을 가지고 여러 가지 어려운 점에 대해 스스로 생각하고 극복하려는 의식이며 자기만족과 사회만족을 함께 누리는 의식이다. 세 가지 종류의 시민이란 다음과 같다.

- **생활자 시민**: 일반적으로 시민이나 주민으로 불리는 사람들로 소비자, 노동자, 장애인을 비롯해 해당지역에서 생활하고 있는 남녀노소의 모든 사람들을 말한다. 또 여러 가지 시민조직이나 NPO, NGO조직도 여기에 들어간다. 이러한 시민들에게 기대되는 것은 국가의 정책이나 과제를 파악하고 지금 무엇을 해야 될지를 자각하며 경제적 이익에 구애받지 않고 자원봉사활동에 참가하며 당연히 국가나 자치단체는 그러한 행동을 취할 가치가 있는 국가상(國家像)이나 자치단체상을 나타내어야 한다.
- **기업 시민**: 사업자 시민, 법인시민(대기업부터 소규모기업까지), 나아가 개인기업까지 포함된다. 상점주인은 사업자 시민이지만 가정인으로서는 생활자 시민이다. 기업에 영리활동(이윤추구)의 포기를 요구할 수 있는 것은 아니지만 스스로도 사회를 구성하는 시민으로서의 자각을 가지고 공적 역할이나 사회적 공헌을 위해서 적극적인 자세를 취하는 것이 기대된다.
- **행정시민**: 행정을 담당하는 것은 공무원이지만 그들도 시민의 일원으로서 자각을 가지고 공적 역할이나 사회적 공헌을 위해서 적극적인 자세를 취하는 것이 기대된다(田村·寄木, 2004). 행정시민이

라고 하는 의식은 이른바 종적(縱的) 행정이나 공적 비용의 낭비, 담합, 뒷돈 만들기 등을 행하는 바탕을 차단하기 위해서도 필요한 의식변혁이다. 교원도 일본에서는 공무원이므로 행정시민으로서의 역할이 기대된다.

近江(2002)가 진술한 바와 같이 가장 중요한 것은 이들 3자에 있어서 공통 목표는 "역할상승형"의 공공정책을 추구하는 것이다. 사회 구성원 전원이 행정시스템(본론에서는 특별지원교육)에 참가함으로써 시너지 효과의 발생을 기대할 수 있고 그 상승효과에 의해서 만들어진 것이 역할상승형 사회이며, 이러한 의미에서 공생사회(共生社會)란 시민 참가를 전제로 한 사회적 모델이다. 특별지원학교에서 일하는 교원은 지금까지 특수교육에서 발전시켜 온 치료교육적 방법에 코디네이션 기법이나 카운셀링 방법, 조직방법 등을 함께 접목하는 것이 필요하다.

4. "제3의 길" 실시에서 통합교육의 역할

일본의 재정기반은 대처 정권시대의 영국 재정상황과 비교하면 어느 정도의 상황인지는 경제학자에게 맡기기로 하자. 1979년 노동당에서 보수당에 정권을 이어받았을 때, 경제상황은 이미 악화되고 있어 높은 인플레이션으로 인해 사회불안이 높아지고 있었다. 현재의 일본은 그림 1-2와 같이 채무잔고가 GNP의 200%이상이고 출생률의 감소와 고령화를 가속화하면서 인구 감소가 일어나고 있다(그림 1-1). 이러한 상황 속에서 이미 큰 정부론 제기는 불가능하다는 것은 말할 필요도 없다. 그러나 신자유주의적인 시장원리를 도입하는 것은 여러 가지 과제를 초래한다는 것도 이미 알려진 사실이다. 이러한 내용으로

"제3의 길"과 교육 혹은 특수교육과의 관계를 검토해 보기로 하자.

토니 블레어가 수상이 되었을 때 "내가 하고 싶은 일은 세 가지가 있다. 그것은 교육, 교육, 교육이다" 라고 하였다(山口, 2005). 토니 블레어의 정책은 "인간의 표정을 지은 대처리즘"이라고도 불리워졌는데 노동당정권이 들어섰지만 대처가 진행한 여러 가지 변혁을 이어받았다. 대처나 블레어가 목표로 삼고 있은 것과 같이 나라의 품질보증을 유지하기 위해서 여러 가지 변혁이 필요하다면 일본은 공적 재정교육비의 현상을 깊이 반성해야 하다. 현재 GDP에서 차지하는 교육비의 비율은 OECD여러 나라 중에서 최저 수준에 있다는 것을 자각하지 않으면 안된다. 樋田(2003)가 진술한 것처럼 블레어 노동당정권에서는 교육, 복지, 의료, 연금의 구조적인 연계를 강화하고 한편으로는 목표수치를 설정해 놓고 그 목표에 도달하도록 장려하는 기초학력 향상책이나 League Table(전국학력시험 결과의 공표)의 실시, 부모의 학교선택권으로 경쟁의 메커니즘을 강화하고 동시에 지방에서는 각 아동의 상황이나 지역과 학교의 상황에 따른 교육의 다양성을 시도하고 있었다. 그리고 영국에서는 이 두 가지 측면의 교육정책을 동시에 수행하고 "인간의 표정을 지은 대처리즘" 혹은 "제3의 길" 이론으로 이행했다.

그 이론에 근거한 특수교육의 아이디어는 1997년의 Green Paper(일본국립특수교육종합연구소, 1999)에서도 찾아 볼 수 있다. 그 주요 내용을 종합하면, 〈조기행동계획〉 통합교육을 한층 더 광범위하게 추진해가기 위한 필요 조건의 확립, 특수학교와 일반학교의 학교구성원이 서로를 가장 효율적으로 지원할 수 있는 방법을 찾아낸다. 지방교육청, 학교 그리고 보호자가 대표하는 자원봉사단체와 함께 일을 전개해 간다. 〈2002년까지〉 통합교육을 추진시킨다는 방침에는 특수학교의 효율적 기능 변화를 지원하는 명확한 가이드라인의 작성이 언급되어 있어 일본의 특별지원교육이 앞으로 나아갈 방향을 제시하고 있다고 생각된다.

이러한 전략은 1994년의 한국에서도 찾아볼 수 있다. 일본보다도 치열하다고 하는 시험전쟁, 일반교육과 특수교육 모두 일본에 비해 과다한 학급당 인원수에도 불구하고, 1994년에 개정된 한국의 특수교육진흥법의 원칙은 통합교육이다. 장애아동의 취학도 가까운 학교의 일반학급 취학의 가능성, 특수학급의 취학가능성, 기타 시, 읍, 면 지역의 특수학교에 취학가능성 등과 같이 주로 지역학교에서 취학을 시킨다는 것으로 시작하여 보호자의 재심청구권, 차별에 대한 벌칙규정, 통합교육 추진을 위한 순회지도 체제의 정비 등이 실시되었다. 경쟁에 의한 개인 간의 경쟁이 치열해지면 불협화음이 높아지고 국가적 차원의 단합이 안되는 위험성이 있어서 통합교육의 실시를 국가가 규정함으로써 그 위험성을 회피하고 협동의식을 강화하는 전략이라고도 볼 수 있다(落合, 2002).

Ⅳ. 일본의 특별지원교육은 한국에서 무엇을 배워야 하는가

1. 개별화교육계획에 관한 내용(落合, 2012)

특수교육에서는 여러 가지 필요한 교육적 배려를 계속적으로, 또한 효율적으로 진행하지 않으면 안된다. 어떤 나라에서든 개별교육계획(IEP)작성이 필요하며, 이것이 지극히 중요한 사항이라는 것은 더 말할 나위가 없다. 장애아동의 요구가 비장애아동보다도 다양하기 때문에 특수교육에 대해 각 아동의 요구에 적합한 지도내용이나 지도체제를 이루는 것은 매우 중요하다. 한국에서는 개별화교육계획, 일본에서는 개별지도계획, 개별교육지원계획이라고 하여 그 명칭이 다르고 배경이 되는 법규 차이에 의해 구체적인 대응도 다르다(崔, 2011). 이 중 주목해야 할 부분은 일본과 달리 한국은 보호자의 권리보장이나 차별금지 및 그 벌칙규정이 있는데 권리옹호의 자세, 보호자 및 장애아동 당사자 대 교육공무원이나 그것에 준하는 직원의 책무성(설명 책임) 등, 일본에는 보이지 않는 사항이 강조되고 있다는 점이다.

한국에서는 개별화교육계획, 일본에서는 개별지도계획 및 개별교육지원계획이라고 하는 개별교육계획(IEP)에 대해 비교하면 한국의 개정된 특수교육진흥법(1994)에서는 개별화교육의 대상이 모든 장애아동이지만, 일본은 그 보다 5년 뒤인 학습지도요령(1999)에서 중복장애아만 개별화교육의 대상으로 하였고 모든 수업이 아니라 자립활동만 개별지도계획을 실시하도록 하였다. 모든 장애아동에 대한 개별지도계획의 책정이 가능해진 것은 한국에 비해 13년이나 늦어진 2007년이다. 또한 개별화교육계획, 개별지도계획의 내용도 한국은 포함시켜야 할 구성요소 및 내용이 구체적으로 제시되어 있으나 일본은 각 학교에 위임하고 있다.

나아가 한국의 경우는 IEP 작성자의 명단, 작성 기한, 보호자 참가의 규정, 보호자의 권리와 의무, 벌칙 규정, 경과 및 진행 상황의 설명 명시 등이 규정되어 있으나 일본의 개별지도계획이나 개별교육지원계획은 교직공무원 등의 행정 측에 관용적인 내용으로 구체적 내용의 결정이 없고 정서적 제도로 되어 있다. 일본의 "개별교육지원계획"은 각 장애아동의 요구를 정확하게 파악하고 교육의 관점에서 적절하게 대응해 간다는 인식 하에 장기적 시점에서 유아기부터 학교 졸업 후까지 일관되게 정확한 교육적인 지원을 하는 것을 목적으로 한다. 또한. 이러한 교육적 지원은 교육뿐만 아니라 복지, 의료, 노동 등 여러 측면에서의 조치가 필요하며 유관기관, 관계기관의 밀접한 연계협력의 확보가 필요하다. 기타 분야에서 같은 시점에서 개별지원 계획을 작성할 경우에는 교육적 지원에서 본 계획의 활용을 포함하여 교육과 기타분야와의 일체로 된 대응의 확보가 중요하지만 구체적으로 실시할 경우의 상황에 대해서 정해져 있지 않기에 학교에 위임하고 있다. 이러한 상황으로 본인이나 보호자의 권리, 의무가 명확하지 못하고 실효성에 문제가 생길 위험성이 있다.

2. 통합교육에 관한 법률

현재 일본에서는 "장애인제도개혁추진회의"가 설치되어 "장애인제도개혁의 추진을 위한 기본적 방향"을 2010년 6월에 내각회의 결정으로 설정하였다. "제2. 장애인제도개혁의 기본적 방향과 향후 진행방법" 그리고 "3. 개별분야에서의 기본적인 방향과 향후 진행방법"에는 다음과 같은 내용이 있다. "(2)교육·장애아동이 비장애아동과 함께 교육받는다고 하는 장애인권리조약의 통합교육제도 구축의 이념에 입각하여 제도적 측면과 재정적 측면을 포함한 교육제도의 방식에 대해 2010년도 내에 장애인기본법의 개정과도 관계되는 제도개혁의 기본적 방향성에 대해 결론을 낼수 있도록 검토를 한다". 이에 대해 중앙교육심의회, 초등 중등교육분과회의 "특수교육의 방향에 관한 특별위원회"가 발족되어서 권리조약의 비준을 위한 국내법의 제정 등을 논의하고 있지만 2012년 3월 현재 국내법의 설치까지는 이르지 못하고 있다. 한국에서는 1994년 특수교육진흥법의 개정 및 2008년 장애인 등에 관한 특수교육법의 제정 등에서 통합교육이 이미 법률화되어 있다.

3. 사회적 기업에 관한 법률

한국에서의 사회적 기업은 2008년의 "사회적 기업 육성기본계획"에 의해 시작되어 다음과 같이 정의 되어 있다. 사회적 기업이란 취약계층에 사회적 서비스 또는 일자리를 제공하여 지역사회에 공헌함으로써 지역주민의 생활의 질을 높이는 등 사회적 목적을 추구하며 재화(財貨)와 서비스의 생산 및 판매 등 영업활동을 수행하는 기업으로 규정하였다. 그리고 사회적 기업은 사회적 목적을 추구하는 기업이고 영업 활동의 수행 기업, 규정된 조건 완비 등의 세 가지 조건을 만족시켜야 한다. 법규정상 사회적 기업은 사회서비스 제공형과 직장제공형 그리고 지역사회에 공헌하는 사회적 기업 등 세 가지 유형이 있다(姜·落合, 2011).

일본은 유럽과 비교해 보면 사회적 및 공공의 문제해결에서 시민이 적극적으로 활동하지 않았었다. 국가나 지방정부가 한다고 하는 의식이 강했기 때문이다. 특히 장애인이나 고령자에 대해서는 정부가 시설을 만들고 필요한 조치를 취하는 형태가 계속되었고 이 분야를 기업으로 생각하는 발상은 거의 없었다고 생각한다. 그러나 1980년의 코코로미학원에 의한 유한회사 코코·화무·와이나리(川田, 1982; 川本, 2005), 1983년에 "타마리바파렛토"가 설립되고 1993년에는 야마토복지재단이 주관이 되어 실시한 소규모 작업소 파워업 세미나에 의한 계발활동과 조성활동이 발족했다. 이 활동에 의해 1998년에는 스완 베이커리 1호 가게가 설립되고(小倉, 2003), 현재 전국에 24개의 점포에 282명의 장애인이 고용되고 있다.

谷本(2006)는 1995년 1월17일의 한신대지진 재해가 발생한 후 자연재해에 대한 위기관리뿐만 아니라 풍부하고 안정된 생활이 단숨에 무너져가는 현실을 시민들이 직면하고 종래의 사회경제 시스템 틀의 재검토와 제도의 틀을 넘어서 자원봉사활동(voluntary)을 통해 서로가 서로를 돕는다는 것의 의미를 알게 했다고 지적하고 있다. 그 결과 자원봉사활동이 많아져서 1998년부터 2010년의 12년간에 특정비영리활동에 근거한 신청수리수와 인증수가 41,411건(내각부 NPO홈페이지, 2011)에 이르렀다. 그러나 아직 사회적 기업에 관한 제도는 확립되지 않고 있다. 이와 같이 일본에서는 사회적 기업의 다양한 기관이 풀뿌리처럼 존재하지만 그것을 한국처럼 중앙정부가 체계적으로 지원 및 지도하는 체제가 완성되어 있지 않다.

한편, 일본에서는 최근 10년 사이에 특별지원교육제도에 재적하는 아동 수가 1.5배 증가했다. 특별지원교육의 목표에서 특별지원학교 고등부 졸업자의 취직률은 중요한 지표이지만 2001년의 22.0%인 것이 2003년에는 들어와서는 19.4%로 취직률이 낮아졌다. 2010년에는 23.6%로 상승했지만 1980년의 42.7%와 비교하면 그 원인이 무엇인지 논의해야 할 것이다. 또한 시설 입소률은 장애인복지계획의 목적과는 반대로 상승하고 있고 1991년까지의 급상승기(20%에서 단숨에 40%로)를 거친 후에 2006년 이후 다시 증가되기 시작하였다. 현재 65%(문부과학백서, 2011) 인 것은 특별지원교육의 목표인 장애아동의 자립과 참가가 멀어지고 있는 것이 아닐까 하는 생각이 든다. 현재와 같이 기업의 일반 취직 혹은 사회복지시설의 입소인가 하는 양자택일이 아니라 사회적 기업과 같은 기관도 적극적으로 설치해야 한다.

4. 공적 재정교육비에 대하여

OECD(2009)에 의하면 1999년의 공적 재정지출률을 100으로 놓고 비교하면 2006년에는 한국이 1위로 163, 영국 147, 미국 122, 프랑스 112, 독일 107, 그리고 일본이 100이다. 즉 일본의 교육 예산은 제로실링(zero ceiling; 공공예산의 개산요구한도가 전년도와 같아야 하는 것)이었다. 여기서 ceiling은 정부 예산의 대체적 요구 한계를 지칭하는데 각 부처의 차기년도 예산의 개산(概算)요구에 대하여 국무 회의에서 일정한 기준을 정한다.

교실은 미래의 사회이고 교육은 인생전반(前半)의 사회적 보장이며 어떤 점에서 협의의 사회적 보장과 동등하거나 그 이상으로 중요한 의미를 갖는다면(廣井, 2006), 사회적 격차의 순환을 멈출 수 있는 수단을 강구하는 것이 급선무이다. 교육이 국가의 사회보장적 역할을 하겠지만 교육이 국가가 아닌 개인의 지출에 의존해 가면 개인(국민)은 국가에 대한 국민의식인 우리들의 국가라고 하는 의식은 점점 사라져 그들의 사리사욕만 추구하게 되고 결국에는 공생 사회와는 크게 다른 국가가 되어버린다. 출생률 감소나 고령화 등 장래의 과제가 산적하고 있는 일본은 교육을 최우선으로 생각해야 하지 않을까?

V. 통합교육에서의 한국과 일본의 공통과제

1. 한 학급당 정원수에 관해

통합교육을 실시하는데 있어서 한 학급의 학생수가 많으면 이를 실현하는 것이 곤란하다는 것은 어렵지 않게 예측할 수 있다. 표 1-2는 OECD국가별 초등학교와 중학교(전기중등학교)의 평균 학급규모이다. 2011년 현재 일본보다도 학급규모가 큰 나라는 한국과 칠레인 것을 알 수 있다.

〈표 1-2〉 초등학교·중학교의 한 학급당 학생수(OECD, 2011)

순위	1	2	3	4	5	6	7	8	9	10	평균	평균
국가명	칠레	한국	일본	이스라엘	터키	브라질	영국	아일랜드	호주	미국	OECD	EU21
초등학교	29.6	28.6	28.0	27.4	25.6	25.0	24.5	24.5	23.7	23.3	21.4	19.8
중학교	29.7	35.1	33.0	32.2	27.2	29.5	19.6	20.3	23.7	22.8	23.7	21.9

OECD의 평균에서는 초등학교가 21.4명이고 중학교는 23.7명이다. 주요 OECD국가 중에는 한국과 일본의 한 학급의 학생 수가 특히 많다. 핀란드는 초등학교의 한 학급당 학생 평균수가 19.8명이고 중학교는 20.1명인데 이는 OECD평균보다도 적다. EU21개국의 평균은 초등학교가 19.8명, 중학교가 21.9명인데 한국이나 일본과 비교하면 한 학급당 초등학교는 8명 정도, 중학교는 12명 내지 14명 정도 적다. 이러한 상황은 다른 나라 교원과 비교하면 한국과 일본의 교원은 아주 많은 노력을 해야 한다. 만일 유럽에서는 효과적 통합교육모델이지만 그것을 한국과 일본에서 실시하면 매우 어려울 것이다. 이러한 물리적 조건을 고려하지 않고 유럽의 방법론을 그대로 실시한다면 많은 문제점이 발생할 수 있다고 여겨진다.

2. 일반교육에서의 특수교육 상황

표 1-3은 주요 국가의 일반학급, 특수학급, 특수학교의 재적상황을 나타낸 것이다. 여기서 소개하고 있는 국가는 일본을 제외하고 통합교육이 법률 중에 명문화 되어있고 있는 국가이다. 통합교육이 입법

화되어 있는 국가에서도 특수학교나 특수학급에 재적하여 있는 비율이 일본보다도 높은 국가가 있는 것에 주목하여야 할 것이다. 또한 유럽에서 국제학업성취도평가인 PISA(Programme for International Student Assessment)의 성적이 좋은 핀란드를 한국과 일본의 상황을 비교하면 초등학교는 한 학급당 9명 내지 11명 정도 적으며, 중학교는 13명이나 15명 정도 적고 일반교육환경 하에서 14%나 되는 아동이 지원을 받고 있다.

〈표 1-3〉 통합교육의 세계적 동향(荒川, 2008)

국가명	SEN아동의 비율(%)		일반환경하에서의지원(%)		특수학교 · 학급(%)	
	1990년	2003년	1990년	2003년	1990년	2003년
핀란드	17.1	17.8	14.2	14.1	2.8	3.7
덴마크	13.0	11.9	11.4	10.3	1.6	1.6
포루투갈	(2.7)	5.8	(2.0)	5.3	(0.7)	0.5
노르웨이	6.0	5.6	5.3	5.1	0.7	0.5
독일	(4.3)	5.3	0	0.7	(4.3)	4.6
벨기에	3.1	5.0	0	0.1	3.1	4.9
스페인	2.0	3.7	1.0	3.3	1.0	0.4
영국	1.9	3.2	0.6	2.1	1.3	1.1
프랑스	3.5	3.1	0.2	0.5	3.3	2.6
네덜란드	3.6	2.1	0	0.3	3.6	1.8
스웨덴	1.6	2.0	0.6	0.7	1.0	1.3
이탈리아	1.3	1.5	no	1.0	(0.5)	0.5
일본	0 . 891	1.477	0.09 #	0.285#	0.891	1.18
한국				0.02		0.61

#는 일본 통합학급 지도교실에 재적하고 있는 학생의 비율을 나타내고 있다.

3. 공적 재정교육지출 비율에 관해

공적 재정교육지출을 보면 한국이나 일본이나 OECD의 평균치 이하이며 일본은 공적 재정교육지출의 비율이 OECD국가 중에서 가장 낮은 국가이다. 한국과 일본 양국 모두 공적 재정에 의한 교육지원의 실시보다는 자비부담 혹은 가족부담 실시의 비율이 높다는 것을 알 수 있고 이는 OECD중의 다른 국가들보다 더 높게 나타났다.

〈표 1-4〉 주요 국가의 공적 재정교육지출의 비교(OECD, 2011)

	공적재정교육지출 대 GDP비		일반정부총지출에서 점하는 공적재정교육지출의 비율	
국 가 명	전교육단계	고등교육	전교육단계	고등교육
일본	3.3	0.5	9.4	1.8
OECD평균	5.0	1.0	12.9	3.0
미국	5.1	1.0	13.8	3.2
영국	5.1	0.6	11.1	1.7
프랑스	5.5	1.2	10.6	2.3
독일	4.1	1.0	10.4	2.8
캐나다	4.6	1.5	7.8	4.5
이탈리아	4.5	0.8	6.7	1.7
로씨아	4.1	0.9	No	No
한국	4.7	0.6	11.0	2.2

4. 기타

일본의 교육환경에 관해 보면 한 학급에 재적하는 아동 수는 칠레, 한국 다음으로 높고 공적 재정교육지출 대 GD에 대한 비율도 극히 낮아 그 증가율도 오랫동안 제로실링이며, PISA에서도 높은 득점을 기대하는 일본의 교육현장에서는 틀림없이 교원들이 강한 스트레스를 받고 있을 것이다. 일본 교원의 정신건강(mental health)은 문부과학성(2011)에 따르면 질병휴직자가 매년 증가하고 있어 2000년과 2009년을 비교하면 휴직자 수가 4.922명에서 8.627명으로 증가하였고 그 중 정신질환 비율이 46.0%에서 63.3%로 증가하였다.

학업성적과 가정소득은 관련이 있다고 여겨지고 있다. 학업성적은 학교뿐만 아니라 가정교육의 역할도 무시할 수 없기 때문이다. 일본에는 예전에 '모두 1억 중산층'이라고 일컬어지던 시대가 있었지만 현재 일본은 어떤 상태인지를 조사할 필요가 있다. 구체적인 통계적 수치는 없지만 취학상담위원회에서 논의가 되는 사례 가운데 가정 내에 취약한 부분이 있어 지능지수(IQ)는 높아도 특별지원학급이나 통급지도교실에 취학이나 통급을 희망하는 사례가 증가하고 있다는 느낌이 든다. CIA는 개발도상국도 포함하여 134개국의 지니계수를 통계자료로 가지고 있다. 그 중에서 개발도상국을 제외하고 OECD국을 중심으로 발표하고 있는데 1위 미국, 2위 터키, 3위가 일본이다.

일본의 1993년의 지니계수는 24.9로 현재 북유럽과 동일한 상황이었는데 그러한 의미에서 모두 1억 중산층이라는 말은 일리가 있는 말이었다. 그러나 현재는 학교 내에서 학생의 학습문제를 해결하는 방책을 지금 당장 준비하지 않으면 격차의 순환의 상태가 되어 사회의 질 저하를 초래할 위험성이 있다. 그러한 의미에서 일본의 통합교육은 될 수 있는 한 빨리 실시되어야 할 것이다.

Ⅵ. 끝으로

저자(落合俊郎: 오치아이 토시로)는 지난 1994년부터 한국의 대구대학교와 개인적 교류를 가지게 되었다. 처음으로 대구대학교를 방문한 것은 한국특수교육 창립 100주년 기념행사에 참가했을 때였다. 주지하다시피 대구대학교는 과거에도 그랬고 현재도 그렇고 한국의 특수교육의 발전을 가장 선진적으로 책임지고 있는 교육기관이다. 그 당시(1994) 한국의 개정된 특수교육진흥법 내용을 보고 그 법은 그때까지 연구해 왔었던 유럽 특수교육제도의 성과를 반영한 내용이었으므로 저자는 잘 이해할 수 있었다. 드디어 아시아에서도 근대적인 특수교육 관련 법령이 만들어졌다는 느낌에 저자는 너무도 기뻤지만 이 법을 계기로 한국의 특수교육은 당분간 일본의 특수교육과 결별하게 되었구나 라고도 생각했다.

1994년 개정된 한국의 특수교육진흥법은 몇 번의 개정을 거쳐서 2007년에는 장애인 등에 관한 특수교육법이 보호자 단체의 힘에 의해 제정되었는데 이러한 점은 다른 나라에서는 찾아볼 수 없는 자랑스러운 일이라고 생각한다. 이러한 한국의 특수교육 변화와 비교하면 일본 특수교육의 제도 변화는 그 속도가 상당히 늦다. 인류가 경험한 적 없는 정도의 출생률 감소와 고령화 사회 진입, 전시국채(戰時國債)를 훨씬 넘는 양의 채무잔고, 인류가 경험한 적 없는 2012년 동일본 대지진과 원자로의 멜트다운(meltdown) 등을 생각할 때 일본은 큰 변혁을 일으키지 않으면 부흥할 수 없을 것이라는 초조감이 든다. 일본이야말로 세계에서 가장 강력한 공생사회를 목표로 매진해야 할 나라라고 생각한다.

통합교육의 원점을 살펴보면 워노크 보고서에 있다고 설명했지만 워노크 위원회는 답신 중에 재정파탄이나 정권교체, IMF의 지원과 감독이라고 하는, 영국에서 보자면 굴욕의 역사에서 준비된 것이다. 한편 한국도 1994년의 특수교육진흥법의 전면 개정이후 97년과 98년에 IMF 위기를 맞이하여 기업구조조정 등 커다란 시련을 겪고 교육 분야 뿐만 아니라 사회적 기업 등 사회복지의 방향에 대해서도 큰 진전을 가져왔다.

일본은 현재 국제연합 장애인권리조약의 비준을 위한 국내법을 준비하고 있는데, 만일 국제연합조약에 맞춘 국내법을 정비하려면 한국의 특수교육법을 상당부분 참고할 필요가 있다고 생각한다. 많은 NPO, NGO등의 풀뿌리조직이 있지만 보호자나 일부의 독지가의 힘에 의지하는 경우가 많고 사회적 기업과 같은 조직도 완성되지 않고 있다.

통합교육이 실시되면 특수교육과 일반교육의 연계가 중요하게 된다. 일반교육에서는 어느 나라나 모두 PISA의 성적을 중요시하고 있다. 동아시아 여러 나라의 PISA성적은 대단히 좋지만 한 학급당 아동수는 유럽보다 훨씬 많다. 이러한 상태로 "경쟁"하면 교원은 피폐하고 질 좋은 교육을 진행할 수 없게 된다. 일본에서는 질병휴직 교원수가 증가하고 질병휴식 원인의 63%가 정신질환이다.

이러한 현상은 다른 직종에서는 볼 수 없으며 교사직도 굉장히 힘든 직업이 되어버렸다. 이와 같이 교원이 정신질환에 걸리는 교육 현장에서 PISA의 성적이 좋더라도 노벨상을 수상할 수 있는 두뇌를 키울수 있겠는가 하는 의문이 든다. 많은 아동들을 대상으로 그 아이들을 경쟁을 시키면 성적이 높아진다고 하는 "신화"는 노벨상을 목표로 하는 교육에도 통용되는 것일까? 풍요해진 동아시아, 그 경제적 규모, 많은 숫자의 인구 등을 생각한다면 노벨상 수상자가 나올 때가 되었다고 본다. 장애나 어려움이 있는 아동이 장애가 없는 아동들과 함께 공부함으로서 자유로운 발상이 생기고 안심하고 생활할 수 있는 사회를 구성할 수 있는 것이 통합교육의 힘이다. 앞으로도 더 심도 깊은 연구가 필요하다.

02

일본 특수교육의 새로운 흐름

-우리는 일본의 특별지원교육에서 무엇을 배워야 할 것인가

김영한

Ⅰ. 들어가며

특수교육의 발전은 일반교육의 발전과 항상 맥락을 같이 하고 있으며 교육이 전 국민에게 골고루 그 혜택이 돌아갈 때가 바로 특수교육이 발전한 때이다. 이러한 사실에 기초하여 일본의 최근 교육개혁은 학생의 개성 중시, 평생학습체계 이행, 국제화와 정보화에 대한 대응 등을 주요 과제로 하고 있다. 일본은 미래사회가 요구하는 자질과 능력은 변화가 심한 사회를 '살아가는 힘'이라고 보고 있다. 따라서 일본의 문부과학성(이하 문부과학성)은 앞으로의 교육 중심을 학교, 가정 및 사회 전체를 통해서 '살아가는 힘'을 기르는데 두고, 다양한 생활체험과 사회체험, 자연체험을 활성화하는 방안을 적극적으로 강구하고 있다. 그리고 형식적 평등을 중시하는 교육에서 개성을 존중하는 교육으로 전환하고 있다.

일본의 교육과정은 거의 10년을 주기로 전면 개정이 이루어지고 있는데, 현재 일본에서 대두되고 있는 교육과정 개정은 창의성과 인성개발, 국제화와 정보화이다. 이에 따라 1989년의 일본 교육과정은 마음이 풍요로운 인간의 육성, 기초·기본의 중시와 개성교육의 추진, 자기 교육력의 육성, 문화와 전통의 존중과 국제 이해의 추진을 지향하고 있었다. 이에 더해 1998년 일본의 특수학교 교육과정 개정은 장애의 중도 및 중복화, 다양화 경향 확대, 고등부 진학률의 상승, 조기교육 대응에 대한 요구의 고조, 졸업 후 진로의 다양화, 교류교육의 추진 등을 담보하고 있다. 이러한 변화는 시대의 발전과 함께 장애학생의 주변 상황도 변화하고 있다는 현실적 인식에서 비롯되었다. 이러한 상황 변화를 토대로 하여 일본은 장애학생의 능력이나 가능성을 최대한 신장하여 자립하고 사회에 참여할 수 있는 기반을 배양하도록 하는 것을 목표로 특수학교 교육과정의 개정을 추진하였다.

한편, 일본의 특수교육 체제는 1947년 제정된 학교교육법에 의하여 맹학교, 농학교, 양호학교로 특수교육제도가 확립되고, 일반학교에서 특수학급이 설치 및 운영되었다. 맹학교, 농학교 교육의 의무제는 1948년부터 시작되어 1956년 의무제도가 완성되었으며, 양호학교(지적장애, 지체부자유, 병허약아 대상)는 1979년부터 의무제도가 실행되었다. 즉, 전체 장애아동에 대한 의무제 교육의 실시와 중도장애아동에 대한 순회교육이 이루어져 그동안 학교교육에서 취학유예나 면제된 중도 및 중복장애학생도 양호학교에서 교육을 받을 수 있었다. 그리고 일반학교에 재학하는 경도장애학생이 일반학급에서 교과 등의 수업을 받으면서 특별한 지도를 특별 장소에서 행하는 통합(通級)에 의한 지도가 1993년에 실행되었다(김세곤, 1998; 박화문 외, 1999; 박화문, 2006; 일본 문부과학성, 2007, 2008; http://www.mext.go.jp).

일본 특수교육의 새로운 흐름은 특수교육과 관련하여 2000년에 개정된 신(新)학습지도요령의 적용 및 교육과정과는 별도로 완전통합교육을 향해 추진되고 있는 '특별지원교육'이라는 특수교육의 전반적인 체제 개편을 들 수 있다. 또한, 이것은 특수교육대상을 '특수한 요구를 가진 아동'으로, 일반교육에서 제공하지 못하는 특별한 교육적 배려를 해야 한다는 것이다(김진숙·강경숙, 2005). 그리고 2007년부터 특별지원교육이 학교 교육법에 규정되어 모든 학교에서 장애학생의 지원을 확대해 나간다는 것이다.

21세기에 들어서서 5년 동안 지속적으로 제시되었던 의견들을 받아들여, 일본에서는 장애학생 교육의 의무교육단계를 중심으로 유아기부터 고등학교 또는 그 이상인 고등교육까지도 포함하는 "특별지원교육"이라는 새로운 흐름이 시작되었다. 이러한 흐름은, 최근 정상화

이념의 진전을 기본으로 하여 장애자 기본계획(2002)과 발달장애자 지원법(2004) 등이 연계되어, 장애인의 사회참가, 기회 확대의 제도 전환이 이뤄졌다.

주지하다시피, 제2차 세계대전 이후의 일본에서는 장애학생의 학교 교육은 일본국헌법 제26조 및 1947년 교육기본법(그 중 제1조 교육의 목적 및 제3조 기회균등)의 이념을 기본으로 장애가 있는 경우에도 학교교육법에 의한 맹·농·양호학교의 완전실시 등을 목표로 제도적인 기반을 정비해왔다. 즉, 메이지헌법 이후 의무교육에 포함되지 않았던 맹·농·양호학교의 교육은 일반의 초·중학교 교육과 동등한 의무교육의 위치를 가지게 되었고, 그러한 학교의 설치의무를 일본 광역자치체인 도도부현(都道府縣)에 부과하는 등 그 제도적인 정립을 도모하기 위한 학교교육법이 제정하였고 맹·농·양호학교에 있어서 의무교육의 실시(1948-56), 공립양호학교 정비특별조치법(1956), 양호학교 의무제실시 예고정령(1973) 등을 통과시키고, 1979년 양호학교의무제도 실시하였다. 그리고 학교교육법과 관련한 특수교육 규정의 완전실시 요구를 통과시키고, 일본국헌법에서 규정하는 '모든 국민이 동등하게 교육을 받을 권리'를 장애가 있는 경우에도 동등하게 실현될 수 있도록 하였다.

1990년대에 와서 통합(通級)에 의한 지도체제의 출범과 학습장애 등의 교육 등을 검토하여, 2000년도의 21세기 특수교육 방법에 대한 검토를 직접 단서로 하는 특별지원교육 구상은 특수교육 전개를 기초로 하는 학교교육법 특수교육제도의 일대 변화를 가져왔다. 또한, 그 제도개정은 2000년도의 교육개혁국민회의를 발족시키고, 2006년에 일본 임시국회에서 교육기본법 개정을 이끌어 내었다.

1. 일본 특수교육의 새로운 전개

1) 일본의 특수교육의 약사

일본에서는 1878년 교토에 맹아원이 설립되었는데 자세한 연표는 부록 2와 같다. 이 맹아원은 맹아와 농아를 위한 최초의 교육기관으로서 이것을 시작으로 일본의 장애아를 위한 교육이 시작되었다. 1906년에는 石井가 동경에 지적장애아의 교육시설로 타니가와 학원을 설치하였고, 1921년에는 일본의 지체부자유아교육을 시작하게 된 카시와 학원이 동경에 설립되었다. 그리고 2차 세계대전 이후 교육기본법, 학교교육법이 공포되었던 1948년에는 맹학교와 농학교가 의무화되었다.

그 이후 1950년대 중반부터 지체부자유양호학교와 정신박약양호학교가 동경, 오사카, 아이치현 등에 설치되었고 센다이의 소학교에 언어장애학급도 설립되었다. 1971년에는 일본국립특수교육종합연구소가 설립되었으며 1978년에는 특수교사 취학면허 원칙이 발표되고, 1979년에 양호학교가 의무화되었다. 그리고 1993년에 경도장애학생을 위한 시간제 특수학급의 제도가 시작된 것도 주목할 만한 현상이다.

2) 특별지원교육으로의 전환

21세기가 되어 일본에서는 지금까지의 특수교육과는 다른 새로운 "특별지원교육"으로 전환이 시작되었다. 2001년 1월 '21세기의 특수교육의 방법(최종보고)'이 제시되었고 그 이후 종래의 특수교육을 대신하여 특별지원교육이라고 호칭이 바뀌어 사용되기 시작하였다. 2003년에는 통합학급에서 학습 혹은 행동의 어려움을 겪고 있는 학생에 관하여 전국조사의 결과가 공표되었는데 약 6.3%의 비율의 학생들이 이에 해당되는 걸로 나타났다. 이 결과가 '향후의 특별지원교육의 방법에 관하여(최종보고)'와 같은 새로운 정책제안서 등이 공표되어서 통합학급에 입급된 학습장애, 주의력결핍과잉행동(이하 ADHA), 고기능성자폐 등에 관한 교사의 인식과 그러한 학생에 적합한 지도·지원의 필요성의 요구 등이 높아지고 적절한 지도와 지원을 위한 체제정비가 전국적으로 시작되었다.

2005년에는 일본의 중앙교육심의회가 특별지원교육을 추진하기 위한 제도 방법을 발표하였고 2005년에는 "발달장애자지원법"이 시행되었으며, 2006년에는 학습장애와 ADHD도 통합교육의 새로운 대상이 되었다. 2006년에는 "학교교육법"이 개정되고, 특수교육에서 특별지원교육으로 전환, 맹·농·양호학교에서 특별지원학교로의 제도의 전환 등으로 제시되었다. 개정된 학교교육법은 2007년부터 실시되어 법령상, 특별지원교육으로의 전환이 일어나게 되어 일본의 장애학생 교육은 새로운 시대로 들어서게 되었다.

3) 법적 정비와 법령존중

일본에서는 특별지원교육으로의 전환 과정에서 새로운 법률이 성립·실행되고, 종래의 법률이 개정되었다. 그것에 의해 특별지원교육의 추진과 관련한 법적 근거를 명확하게 하고 각 학교와 자치단체는 법률의 목적과 범위 등을 충분히 이해하도록 하고 법령준수를 포함하여 특별지원교육을 적절하게 추진하게 되는 시대에 들어서게 되었다.

(1) 법적 정비의 실제

① "학교교육법"의 개정

2006년 6월에 일본에서는 "학교교육법"이 개정되고 2007년 4월 1일에 "개정 학교교육법"이 실행되어, 특별지원교육이 본격적으로 시작하게 되었다. 일본 문부과학성은 특별지원교육의 추진에 관한 내용을 전국의 현지사와 교육장에게 안내하였다. 이것에 의해 특수교육에서 특별지원교육으로의 전환이 법적으로 규정되게 되었다. 초·중학교 등에서 학습장애, ADHD, 고기능자폐증 등을 포함한 장애학생에게 적절한 교육적 대응을 규정하였다. 맹·농·양호학교가 중복장애학생에게 교육적 대응하는 것도 가능하게 되었으며 양호학교는 지역의 센터기능을 가진 특별지원학교로 이행되었다. 이에 앞서 2006년 3월에는 학교교육법 시행규칙이 개정되어 통합교육 대상에 학습장애, ADHD 등을 새롭게 포함시키고 지금까지 정서장애로 분류되어있던 자폐증을 재분류하여 자폐증은 독립한 하나의 분류가 되었다. 이러한 학교교육법 개정의 최대 중점사항은 제6장 특수교육을 특별지원교육으로 변경한 점이며, 다음 3가지가 개정의 주요 내용이다.

첫째, 초·중학교 등에서는 학습장애, ADHD 등을 포함하는 장애학생 등에 대하여 적절한 교육을 실시할 것을 규정함

둘째, 맹학교, 농학교, 양호학교 등은 장애종별 등을 넘어서 특별지원학교로 일원화함

셋째, 특별지원학교는 재적학생 등의 교육을 실시하는 것과 함께 초·중학교 등에 재적하는 장애학생 등의 교육에 관하여 조언 및 지원을 하도록 규정함

〈표 2-1〉 일본의 특별지원교육 관련 주요 법률

최근에 성립 및 개정된 주요 법률 일람	
· 장애자 기본법	2004년 6월 개정
· 발달장애자 지원법	2004년 12월 성립, 2005년 4월 시행
· 장애자 자립지원법	2005년 12월 성립, 2006년 4월 시행
· 학교육법 시행규칙	2006년 3월 개정, 2006년 4월 시행
· 학교교육법	2006년 6월 개정, 2007년 4월 시행
· 고령장애자 이동원만화 추진법	2006년 6월 성립
· 교육기본법	2006년 12월 개정, 12월 시행
· 학교교육법시행령	2007년 3월 개정, 4월 시행

② 통상학급을 포함한 초·중학교 등의 특별지원교육의 추친 규정

학교교육법 제75조

초등학교, 중학교, 고등학교, 중등교육학교 및 유치원에서는 다음 항 각호에 해당되는 아동, 학생 및 유아 그 외 교육상 특별지원을 필요로 하는 아동, 학생 및 유아에 대하여 문부과학대신이 정한 바에 의하여 장애에 의한 학습상 혹은 생활상의 곤란을 극복하기위한 교육을 실시하여야 한다.

③ 특별지원학급의 규정

학교교육법 제75조

제2항. 초등학교, 중학교, 고등학교 및 중등교육학교에서는 다음 각 호에 해당하는 아동 및 학생을 위하여 특별지원학급을 설시해야만 한다.

1. 지적장애자 2. 지체부자유아 3. 신체허약자
4. 약시자(弱視) 5. 난청자(難聽)
6. 그외 장애가 있는 자로, 특별지원학급에서 교육을 받는 것이 적당한 자

제3항. 이전 항목에서 제시된 학교에서는 질병으로 요양 중인 학생에 대하여 특별지원학급을 설치하고 교원을 배치하여 교육을 실시해야만 한다.

④ 통합에 의한 지도 규정(학교교육법시행규칙의 일부개정)

학교교육법 시행규칙 제73조

초등학교, 중학교 혹은 중등교육학교의 이전 과정에서 다음 각 호의 하나에 해당하는 아동 혹은 학생(특수학급의 아동 및 학생을 제외) 중에 심신의 고장(故障)에 따른 특별지도를 실시할 필요가 있는 것을 교육하는 경우에는 문부과학대신이 별도로 정한 것에 의하고 제24조 제1항, 제24조의 2 및 제25조의 규정과 제53조부터 제54조의 2까지의 규정에 의해, 특별교육과정이 가능하다.

1. 언어장애자 2. 자폐증자 3. 정서장애자
4. 약시자(弱視) 5. 난청자(難聽) 6. 학습장애자
7. 주의결핍다동성장애자
8. 그 외 심신의 고장(故障)이 있는 자로 본 항의 규정에 의해 특별교육과정에 의해 교육을 받는 것이 필요로 하는 자

⑤ 특별지원학교에 관한 규정

지금까지 장애아동의 교육은 특수교육이라고 지칭하고 일본의 "학교교육법" 등에서 규정되었으나 상위법인 "교육기본법"에는 규정되어 있지 않았다. 그러나 1947년 교육기본법이 공포된 후 특히 21세기로 접어든 다음 장애학생의 교육을 둘러싼 환경에 많은 변화가 있었다. 이러한 상황에 따라서 이번 "교육기본법" 명기의 의의는 매우 크다.

교육기본법

제 1장 교육의 목적 및 이념

제 4조 교육의 기회균등

제2항 국가 및 지방공공단체는 장애가 있는 자가 그 장애의 상태에 따라 충분한 교육을 받을 수 있도록 교육상 필요한 지원을 마련하지 않으면 안된다.

⑥ 특별지원학교에 관한 규정

학교교육법

제 71조

특별지원학교는 시각장애자, 청각장애자, 지적장애자, 지체부자유아 혹은 병약자(신체병약자를 포함; 이하 같음)에 대하여 유치원, 초등학교, 중학교 혹은 고등학교에 준하는 교육을 실시함과 함께 장애에 의한 학습상 혹은 생활상의 곤란을 극복하고 자립하기 위하여 필요한 지식기능을 지원하는 것을 목적으로 한다.

제 71조 2

특별지원학교에서는 문부과학대신이 정한대로 이전의 안에서 규정하는 자에 대한 교육을 해당학교가 실시하는 것을 명확하게 한다.

제 71조 3

특별지원학교에서는 제71조의 목적을 실현하기 위하여 교육을 실시하고 유치원, 초등학교, 중학교, 고등학교 혹은 중등교육학교의 요청에 의하여 제75조 제1항에서 규정하는 아동, 학생 혹은 유아의 교육에 관하여 필요한 조언 및 원조를 실시하도록 한다.

제 71조 4

제 71조에 규정되어 있는 시각장애자, 청각장애자, 지적장애자, 지체부자유자 혹은 병약자의 장애 정도는 정부령(政令)으로 결정한다.

⑦ 장애자기본법의 개정

2004년 6월에 "장애자기본법"이 개정되었다. 그중에서도 특히 교류

교육으로 시행되어왔던 교육형태가 교류 및 공동교육으로 규정되었다. 장애자기본법에 의해, 2003년에서 2012년까지의 10년간의 장애자기본계획과 중점시책실천 5개년계획이 책정되어졌다.

장애자기본법(교육)

제14조

국가 및 지방공공단체는 장애자가 그 연령, 능력 및 장애의 상태에 따라 충분한 교육을 받을 수 있도록 하기 위하여 교육의 내용과 방법의 개선 및 충실을 도모하는 등의 필요한 시책을 마련하지 않으면 안된다.

2. 국가 및 지방공공단체는 장애자의 교육에 관한 조사 및 연구와 함께 학교시설의 정비를 촉진하지 않으면 안된다.

3. 국가 및 지방공공단체는 장애가 있는 아동 및 학생과 장애가 없는 아동 및 학생과의 교류와 공동학습을 적극적으로 진행하는 데에 그 상호이해를 촉진하지 않으면 안된다.

⑧ 일본 발달장애자지원법의 성립과 실행

일본의 "발달장애자지원법"이 2004년 12월에 성립되고 2005년 4월부터 시행되었다. 이 법에 의해 지금까지 다른 장애와 비교하여 교육, 복지, 의료, 노동 등 다양한 분야에서 충분한 대우를 받지 못하고 있던 발달장애, 자폐증, 아스퍼거증후군, 그 외의 광범성 발달장애, 학습장애, ADHA 등의 발달장애인에게도 적절한 대응이 법적 근거를 가지게 되었다.

발달장애의 정의, 국가 및 지방공공단체의 책무, 국민의 책무, 조기발견과 조기지원의 필요성, 발달장애자지원센터에 관한 규정, 전문가의 양성의 필요성 등이 명기되어졌다. 발달장애아지원법의 중요 내용은 부록 3과 같다.

(2) 법령존중(compliances)

최근 다양한 분야에서 법령존중의 중요성이 대두되고 다양한 조치가 실시되고 있다. 그 배경에는 최근 법령위반에 따른 신뢰의 실추가 되풀이 되고 있는 점이다. 특히, 기업 활동에서 법령위반을 방지하기 위함이다. 일본의 특별지원교육에서는 최근 관계법령이 급속하게 정비되어지면서 이 분야에서도 법령준수가 보다 더 엄격해지고 있다. 따라서 학교에서는 특별지원교육이 법령에 의해 적절하게 추진되어지고 있는지를 확인하는 것이 필요하게 되었다. 즉, 법령준수에 입각한 행정과 경영이 학교의 경영책임을 맡고 있는 교장에게 요구되고 있으며, 학급경영을 담당하고 있는 교사에게도 요구되고 있다. 그리고 경우에 따라서는 법적 책임을 져야만 한다.

구체적인 예로서는 발달장애자에게 적절한 지도·지원(발달장애자지원법, 학교교육법 등), 교류 및 공동학습의 적절한 추진(장애자기본법 등), 개별화지도계획 및 개별화교육지원계획의 작성과 활용(학습지도요령 등), 특별지원학교의 센터기능의 역할(학교교육법 등) 등이다.

2. 특별지원교육으로의 전환

1) 제도전환의 배경

(1) 일본 특수교육의 현상과 과제

지금까지 일본의 특수교육은 장애 종류나 정도에 맞게 맹·농·양호학교나 특수학급이라고 불러지는 특수한 교육의 장(場)을 정비하고, 거기에서 교육을 효과적으로 수행하는 노력을 전개해왔다. 의무제도의 실시와 함께, 취학이 불가능한 학생이 많아지고 있는 사태를 심각하게 받아들여 방문교육(순회지도)의 제도를 설치하는 등 중도 및 중복장애 학생의 교육에 중점을 둔 제도정비가 시행되었다. 그리고 통합학급에 재적하고 있는 학생에 대해서도 대부분의 수업은 통합학급에서 받으면서, 장애의 상태에 따라 적절한 교육을 받기위하여 통합지도 교실이나 학습도움실의 제도화를 만들어왔다. 그 결과, 장애가 있다는 이유로 취학을 유예 혹은 면제된 학생은 엄청나게 적어졌으며 학습기회의 보장이라는 측면에서 양적으로는 대체적으로 기본정비가 완성되었다고 할 수 있다. 또한 이 시기에 맹·농·양호학교 등은 장애의 종류와 정도에 맞는 교육적 경험, 노하우 등 축적의 질적인 조건정비도 이루어지게 되었다.

최근에는 양호학교와 특수학급에 재적하고 있는 학생이 증가하는 있으며 통합교육 학생도 증가하였다. 또한 맹·농·양호학교에서는 학생의 장애의 정도는 중도·중복화가 급속히 진행되고 있어서 재적학생의 절반 정도는 중복장애 학생이며 지체부자유양호학교에서는 일상적 의료지원을 필요로 하는 학생이 증가하고 있고, 지적장애양호학교는 적절한 지도법의 개발이 필요한 자폐증의 학생이 다수 재적하고 있는 등의 문제가 나타났다. 또한, 통합학급에 재적하는 경도장애학생은 통합교육지도가 제도화되었으나 학습장애나 ADHD, 고기능자폐증 등 특수한 교육적 지원을 필요로 하는 학생의 교육적 필요가 증대되었다.

(2) 장애학생의 교육을 둘러싼 전반적인 환경의 변화

장애학생에 관한 국제적 동향을 살펴보면, 국제연합(UN)을 중심으로 적극적으로 통합화를 추진하는 움직임이 전개되었다. 일본전국연합총회(1993)에서 '장애아의 기회균등화에 관한 표준규칙'이 채택되었고 교육에서는 통합된 장에서 장애가 있는 아동·청년·성인의 초등교육 및 중등교육, 고등교육 이후의 교육기회균등의 원칙을 반드시 실시해야 한다는 통합교육의 원칙이 명기되었다. 또한, 1994년 스페인 사라만카에서 개최되었던 '특수교육에 관한 세계회의'에서 통합화를 기본이념으로 하는, 장애아를 포함한 만인을 위한 학교를 제창한 "사라만카 선언"이 채택되었다.

한편, 2001년 UN총회에서 장애인의 인권 및 존엄을 보호·추진하기 위하여 포괄적이고 종합적인 "국제조약 결의안"이 채택되어, 장애인 권리조약의 책정을 위한 심의가 열리게 되었고 아시아 태평양 장애인의 10주년의 최종 해에 해당되는 2002년에는 UN산하 아시아 태평양 경제사회위원회(ESCAP)의 총회에서 장애인를 위한 통합화로 장애물의 제거(barrier free)를 기본으로 한 사회의 추진이 결의되었으며, 같은 해 10월에 일본 사가현에서 개최된 하이레벨(high level) 정부 간 회의에서 장애인에 대한 기회균등과 평등한 대우를 원칙으로 한 "비와코 밀레니엄프레임 워크"가 채택되었다.

일본 국내적으로는 아시아 태평양 장애인 10주년에 맞추어 1993년에 책정되었던 '장애인대책에 관한 신 장기계획'에서 각각의 장애특성 등에 맞춘 다양한 교육·육성을 위한 최적의 교육육성의 장(場)을 확보하는 것을 기본적 시점하여 조기교육의 대응, 경도장애아의 통합에 의한 지도, 학교간의 연대, 취학기준의 검토 등의 방법이 제시되었다. 또한 같은 해에는 장애인의 자립과 사회참가의 한 단계 추진을 위하여 "장애자기본법"이 제정되고, 교육, 복지, 노동 등의 각 분야에 걸쳐서 중, 장기적인 관점에서 장애자는 사회를 구성하는 일원으로써, 사회, 경제, 문화, 노동에 참가하는 기회를 주어야한다는 정상화의 이념을 실현하기위한 종합적·계획적인 논의가 진행되었다.

2004년에는 이 법은 일부 개정되어 장애를 이유로 차별 또는 그 외의 권리이익을 침해해서는 안된다고 규정하고, 장애학생과 장애가 없는 학생과의 교류 및 공동학습의 적극적 추진에 통한 상호이해를 추진 규정도 제시되었다.

2) 특별지원교육의 기본이념

(1) "21세기 특수교육의 방법에 관하여(최종보고)"의 기본이념

지금까지의 일본의 특수교육은 장애의 종류와 정도에 따라 맹·농·양호학교와 특수학급에서 교육을 실시했으며, 그러한 특성에 따라 세부적인 교육을 받는 것을 기본적인 이념으로 하였다. 그러나 특수교육이 변하고 있는 현재의 과제 및 장애학생을 대하는 환경의 변화, 당사자 및 보호자의 교육에 대한 요구가 높아지고 지역 상황에 따른 학교나 지역에서 교육의 지방분권 추진 등에 의해 향후의 특수교육의 본질에 대한 폭넓은 조사연구를 실시고자 문부과학성에 설치되었던 것이 '21세기의 특수교육의 방법에 관한 조사연구협력자회의'이다. 이 회의에서 2001년 1월에 최종 보고한 보고서에서는 다음의 5가지 기본적인 이념을 제시하였다.

①정상화의 진전을 위하여 장애학생 등의 자립과 사회참가를 사회전체가 그들의 전생애에 걸쳐서 지원한다.

②교육, 복지, 의료, 노동 등이 하나가 되어 영유아기부터 학교졸업후 까지 장애가 있는 사람 및 그 보호자 등을 위한 상담 및 지원체제를 정비한다.

③장애의 중도·중복화 및 다양화에 입각하여 농·맹·양호학교 등의 교육을 충실히 함은 물론 통합학급의 특별한 교육적 지원을 필요로 하는 학생 등에게 적극적으로 대응한다.

④학생의 특수한 교육적 요구를 만족시키고, 필요한 교육적 지원을 시행하기 위하여 취학지도를 본질적으로 개선한다.

⑤학교와 지역의 특색 있는 교육활동 등을 추진하기 위하여 특수교육에 관한 제도를 수정하고 지자체와 학교에 대한 지원을 충실히 한다.

(2) "향후의 특별지원교육의 방법에 관하여(최종보고)"의 기본이념

2001년에 '향후의 특별지원교육의 본질에 관하여 조사심의를 위한 조사연구협력자회의'가 설치되고, 2003년 3월에 최종보고서인 "향후의 특별지원교육의 방법에 관하여"를 발표하였는데 이를 정리하면 다음과 같다.

최종보고에서는 앞에 제시된 장애의 중도·중복화 및 다양화에 따른 교육적 과제와 함께 정의 및 판단기준이 명확하지 않았던 학습장애, ADHD, 고기능자폐증의 학생에 대한 교육적 대응을 중요한 과제로 설정하였다. 2002년 일본 문부과학성이 실시한 전국실태조사의 결과는 학습과 생활면에서 특수한 교육적 지원을 필요로 하는 학생은 약 6% 정도의 비율로 나타났는데 이러한 학생들은 대부분이 통합학급에 재적하고 있으며, 앞으로 이러한 학생도 특수교육의 대상인 시각장애, 청각장애, 지적장애 등의 학생과 별개로 생각하지 않고 각각의 개인차에 따른 교육적 요구에 부응하여 특별한 교육적 지원을 실시해야 한다고 보았다. 이러한 학생의 양적 확대와 장애종류의 다양화에 의한 질적 복잡화 및 최근의 국가와 지방공공단체의 열악한 재정사정 등을 이유로 기존의 특수교육을 위한 인적, 물적 자원의 배분의 본질에 관한 논의가 시작되고 지방분권을 배려함과 동시에 지역의 실정에 맞는 적절한 체제·시스템의 구축을 세우는 것이 중요하다는 것을 인식하게 되었다.

최종보고서에서는 장애정도 등의 이유로 특별한 교육의 장소에서 지도를 하는 특수교육에서 장애학생 한 명 한 명의 교육적 요구에 부응한 적절한 교육적 지원을 하는 "특별지원교육으로의 전환"을 기본적 방향으로 제시하였다. 이 경우에 장애학생에 대하여 자립과 사회참가는 중요한 목적이 되며, 가능한 한 스스로 의지와 힘으로 사회와 지역 속에서 생활해나갈 수 있는 기본적 힘을 키우기 위한 것을 교육

의 목적으로 하고 있다. 그러기 위하여 장애상태에 따른 교과지도 등(각 교과, 도덕, 특별활동, 종합적 학습)에 더하여 장애 원인과 각종 장애상태의 개선, 극복 등이 지도영역에 설정되었다. 이 영역은 1971년부터 양호·훈련으로 지칭하였으나, 최근의 국제적 장애관(국제생활기능분류)의 변화를 포함하여 신체기능과 구조의 결핍을 보완하기 위한 관점에서 장애를 보는 것은 적절하지 않다는 지적 등으로 1999년의 '학습지도요령'의 개정과 함께, 장애학생의 주체적 활동, 즉 "자립활동"으로 개정되었다.

최종보고서에서는 이러한 적절한 교육 및 지도를 통하여 장애학생의 주체적 조직지원을 하는 것이 특별지원교육의 관점으로 중요시된다는 점을 분명하게 강조하였다. 또한, 통합학급에 재적하는 학습장애, ADHD, 고기능자폐증의 학생의 교육적 대응에 관해서 특별지원교육은 지금까지의 특수교육의 대상의 장애에 국한되지 않고 학습장애, ADHD, 고기능자폐증도 포함한 장애학생 각각의 교육적 요구를 만족시키고 그 학생을 위한 힘을 키우며 생활과 학습상의 곤란을 개선하고 극복하기 위하여 적절한 교육에 필요한 지원을 하는 것이라고 명시하고 있다.

(3) "특별지원교육을 추진하기 위한 방법에 관한(답신)"의 기본이념

일본의 '중앙교육심의회'에는 2004년에 '초등중등교육분과회에 특별지원교육특별위원회'가 설치되고 특별지원교육을 한층 추진시켜야한다고 인식하여 학교제도 등의 본질에 관하여 검토를 계속 한 결과 2005년에 "특별지원교육을 추진하기 위한 방법에 관한 답신"이 발표되었다. 이 발표에 의하면 특별지원교육이란 장애학생 등의 자립과 사회참가를 위한 주체적 지원한다는 생각을 기본으로 하여 각 학생의 교육적 요구를 만족시키고, 그것을 위한 교육의 힘을 기르며 생활과

학습의 어려움을 개선 및 극복하기 위하여 적절한 지도 및 필요한 지원을 실시하는 것이며 초·중학교의 통합학급에 재적하는 학습장애, ADHD, 고기능자폐증 등의 학생에게도 적절한 지도와 필요한 지원을 실시하는 것이라고 밝히고 있다.

이러한 점은 종래의 특수교육이 맡아오던 역할과 실적을 부정하는 것이 아니라 더욱 발전시켜나가는 것을 말하며 이에 따라 종전의 특수교육의 틀에 더해서 교육수준과 교원 전문성이 확대·향상되도록 하는 방향으로 추진되는 것이 필요하다는 기본적 태도를 표명하였다.

3) 특별지원교육의 대상

(1) 취학제도의 개선

"21세기 특수교육의 방법에 관하여(최종보고)"에서는 시각보조기구, 청각기구, 보조기기 등의 성능 향상 등의 의학과 과학기술 발전과 학교시설의 정비가 충실하게 되도록 요구하였으며, 적절한 조건이 갖추어진 경우에는 교육에 관한 대응이 가능하다고 하였다. 또한, 교육의 지방분권 등을 고찰하고 국가수준에서는 의학과 과학기술의 발전 등을 포함하여 교육·심리학·의학적 관점에서 맹·농·양호학교에의 취학기준을 새롭게 함과 동시에 시군구 교육위원회가 장애 종류와 정도의 판단만이 아닌 지역과 학교의 상황, 학생지원의 내용, 당사자와 보호자의 의견 등을 종합적인 판단하고 초·중학교에 취학시키는 것이 가능하도록 취학절차의 개선을 제안하였다.

이 제안을 받아들여 국가가 정한 맹·농·양호학교에의 취학기준과 취학절차의 수정이 이뤄졌고 2002년 "학교교육법시행령 제 22조 3"이 개정되었다. 이 기준에서 정한 장애정도는 종래의 심신기능의 상태에 따라 규정한 표 2-2와 같이 확대경, 보청기, 보조기 등의 장애인용의 보조기의 개발과 보급 등에서 알 수 있는데, 의학과 과학기술의 발전을 가져오며 장애와 그것에 동반되는 각종 어려움을 환경과의 상호관계 속에서 보완하여 교육적·심리학적·의학적 관점에서 종합적으로 판단하게 되었다.

〈표 2-2〉 맹·농·양호학교의 취학기준(학교교육법시행령 제22조 3)

구분	정도
시각 장애	양안의 시력이 대략 0.3미만인 자 혹은 시력이외의 시기능장애가 고도이면서, 확대경 등의 사용에 의해서도 통상의 문자, 도형 등의 시각에 의한 인식이 불가능 혹은 심각한 곤란이 있는 정도
청각 장애	양 귀의 청력 레벨이 대략 60데시벨 이상이면서, 청각기구 등의 사용에 의해서도 통상의 말소리를 듣는 것이 불가능하거나 심각한 곤란이 있는 정도
지적 장애	1. 지적발달의 퇴보가 있고, 타인과의 의사소통이 곤란하여 일상생활을 함에 있어 빈번한 원조를 필요로 하는 정도 2. 지적발달의 퇴보 정도가 1호에 나타난 정도를 보이지는 않으나, 사회생활에의 적응에 심각한 곤란이 있는 정도
지체부자유자	1. 지체부자유의 상태가 보조기의 사용에 의해서도 보행, 필기 등 일상생활에 있어서 기본적인 동작이 불가능 혹은 곤란한 정도 2. 지체부자유의 상태가 1호에서 나타난 정도를 보이지는 않으나 상시 의학적 관찰지도를 필요로 하는 정도
병약자	1. 만성 호흡기질환, 신장질환 및 신경질환, 악성 신 생물 외에 질환의 상태가 계속되어 의료 혹은 생활규제를 필요로 하는 정도 2. 신체병약의 상태가 계속되어 생활규제를 필요로 하는 정도

또한 맹학교, 농학교, 양호학교의 취학 기준에 해당되는 학생도 당사자의 장애와 보호자의 의견, 지역과 학교의 상태 등에 가장 정통한 시군구의 교육위원회가 초·중학교에서 적절한 교육을 받는 것이 가능한 특수의 사정이 있다고 인정되는 경우에는 초·중학교에 취학할 수 있도록 하였다. 이것에 해당되는 자는 인정취학자로 불러지게 되었다.

그러기 위해서는 전문성 높은 교원에 의한 지도체제, 건물장벽 제거화, 학습지원기구의 충실 등 시설·설비 등의 면에 있어 취학을 위한 환경조건이 정비되는 것이 필요하다. 취학절차에 관해서 종래에는 농·맹·양호학교의 취학기준에 해당되는 경우, 기초지차체인 시군구교육위원회는 그 지시를 광역지자체인 도도부현(都道府縣)교육위원회에 통지하고, 도도부현(都道府縣)교육위원회는 그 보호자에게 입학시기와 학교지정에 관하여 통지하도록 되었으나 2002년도부터 인정취학자의 경우에는 시군구교육위원회가 그 모든 절차를 시행하도록 개정되었다.

(2) 취학지도의 개선과 탄력적인 시스템 도입

일본의 초·중학교에서 지금까지의 장애학생 교육은 특수학급, 통합학급에 의한 지도가 실시되었지만 새롭게 교육대상에 포함된 학습장애, ADHD, 고기능자폐증 등의 학생에 관해서 특별한 지도 및 지원을 제도적으로 포함시키는 문제가 대두되었다. 예를 들어, 장애학생이 원칙적으로는 통합학급에 재적하면서 특별한 곳(학습도움실 등)에서 적절한 지도와 필요한 지원을 받을 수 있는 탄력적인 시스템으로 특별지원교실(가칭)이 구상되었다.

이러한 학생의 교육적 실태는 다양하며 환경요인에 따라 변화하는 것도 많기 때문에 개별적으로 탄력적 지도와 지원이 필요하다. 이를 위하여 각 학교의 교육과정의 실천형태도 통합학급에서 교사의 적절한 지도와 함께 팀티칭의 활용, 개별지도와 학습내용의 습득정도에 따른 지도 방법의 다양화 등이 고려되었다. 또한 필요에 따라서는 특별지원교실 등과 같이 특별한 장(場)에서 적절한 지원을 받는 것이 가능하도록 탄력적인 시스템의 구축이 준비하였다.

각각의 아동의 교육적 요구는 다양하고 이러한 요구는 다양하게 변해 왔다. 취학 후 학생의 교육적 요구의 변화를 지원하는 체제를 정비하기 위하여 맹·농·양호학교에서는 취학 후에도 학생의 학생생활기록부를 관리하는 시군구교육위원회 등이 중심이 되어 학생 본인과 보호자에 대하여 지속적 상담지원의 체제의 구축 등과 같은 종합적 지원체제를 구축이 매우 중요하게 되었다. 초등학교 혹은 농·맹·양호학교의 초등부에 입학 한 학생도 그 실태 등에 따라 취학할 곳을 변경 가능하게 되었다. 또한 초·중학교의 특수학급과 농·맹·양호학교 등의 이용가능한 인적·물적 자원을 각각 학생의 교육적 요구에 부응하여 탄력적으로 활용하게 되었으며 적절한 교육을 위해서는 학생의 실태 등에 따라 탄력적으로 교육의 장을 준비해야 한다는 것이 필요하게 되었다.

이후, 교육적 요구를 적절하게 만족시키고 취학할 곳을 결정하는데 고려해야할 점으로 ①취학지도를 할 경우에는 유아동기부터 지속적 교육상담체제의 구축, 본인 및 보호자 의견 표현의 기회확대, 개별의 교육지원계획의 활용 등의 구성 ②취학 중에 있는 경우는 취학상담의 지속성, 교내위원회의 설치와 활용, 전학의 탄력적 활용 ③본인 및 보호자에 대한 적절한 설명과 정보제공 등이다(일본중앙교육심의회, 2005).

4) 특별지원교육을 지원하는 조직

(1) 개별화교육지원계획의 책정

장애학생의 교육적 지원은 장애정도, 중복화 및 다양화 등으로 인하여 교육 뿐 만이 아닌 복지, 의료 등 다양한 면의 접근이 필요하며 전문성에 기초한 종합적인 교육지원을 가능하기 위하여 교육에 국한하지 않고 복지, 의료, 노동 등의 분야의 관계자와 관계기관과의 긴밀한 연대협력이 필요하다. 농·맹·양호학교(특별지원학교, 이하 같음)에서는 전문성 있는 교사와 적절한 시설과 설비가 있고 대부분의 교육활동은 학교 내 시설에서 실시된다. 그러나 의료적 지원이 필요한 학생을 위해서는 의료기관과 복지기관의 연대협력, 학교 밖의 전문가의 비상근강사활용 등이 필요하다.

또한 일반학교(급)와 교류 및 공동학습을 적극적으로 추진하기 위해서는 농·맹·양호학교와 거주지의 초·중학교의 일상적 정보교환 물론 학생을 교육시키는 두 기관의 밀접한 연대가 불가결하다. 이에 따라 교육이라는 측면에서 생각한다면 복지, 의료 등의 중요성도 함께 고려하여 관계기관 등의 연대협력이 필수적이다. 이렇게 복지, 의료 등의 협력이 실시되어야 하는 것은 매우 중요하다. 이러한 관계기관 및 학교 간의 연대와 협력을 실현하는 전략으로 영유아기부터 학교졸업 후까지의 장기적인 시점에서 관계기관이 하나가 되고 교육기관이 중심이 되어 개별화교육지원계획을 책정하는 것이 제안되었다(특별지원교육의 방법에 관한 조사연구협력자회의, 2003).

이것은 일본 "장애자기본계획"에 개별화지원계획으로 규정되고 중점시책실시 5개년계획(장애자계획)에 맹·농·양호학교는 2005년까지 책정되었다고 기술되었던 것과 같은 것으로 적절한 교육적 지원을 효과적, 효율적으로 시행하기 위한 교육 지도와 지원의 구체적 내용, 방법 등을 계획, 실시, 평가(Plan-Do-See)하고, 더욱 나은 개선을 해 가는 조직으로써 중요한 틀(도구)이 되었다.

모든 양호학교의 자립활동의 지도뿐 아니라 중복장애아의 경우에는 자립활동에 더하여 교과지도 등을 포함하여 작성한 개별화지도계획, 졸업 후 취업지원을 목적으로 하는 개별화전환계획의 실천연구 등을 중심으로 부분적으로 진행되었다. 앞으로는 맹·농·양호학교는 물론 초·중학교 등에서도 일관된 개별화교육지원계획을 준비하고 각종 교육적 지원의 효과적·효율적인 실천이 기대된다. 또한 개별화교육지원계획의 책정에는 그림 2-1과 같이 취학 전, 취학 중, 졸업 후의 각 단계별로 교육, 복지 등의 관계기관이 중심이 되는 기관을 정하고 지역, 도도부현(都道府縣), 국가의 각 수준에서 연대협력체제를 구축해가는 것이 필요하다.

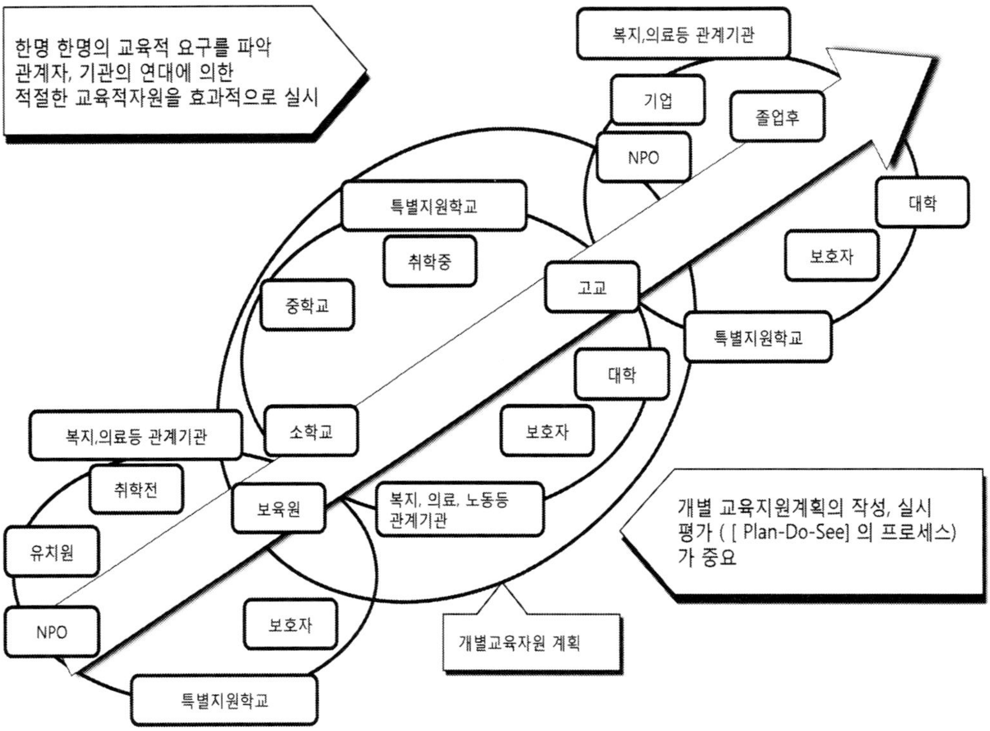

〈그림 2-1〉 개별지원계획 - 장애아동의 일생 동안의 지원

개별화교육지원계획은 포괄적인 지원을 원만하게 실시하기 위하여 복수(複數)의 관계자와 관계기관이 그 계획-실시-평가의 과정에 관여하도록 되어있다. 그리하여 개별화교육지원계획에서는 관계자와 관계기관 등의 연대협력을 효과적으로 시행하기 위하여 유효한 것이라고 보고 있다.

예를 들어, 복지와 의료관계기관이 가진 장애와 발달에 관한 정보, 맹·농·양호학교의 교육상담 통해 보호자에게 얻은 정보와 적절한 교육방법 및 내용 등의 각종 정보가 있지만 개인정보를 포함하고 있으므로 그 취급에 유의해야만 하며 그 정보의 취급도 보호자의 이해와 동의를 구하는 것이 중요하다.

(2) 특별지원교육 코디네이터의 배치

학교에서는 개별화교육지원계획을 원활하게 실시하고 보호자와 관계기관과 연대협력의 체제정비를 도모하기 위해 코디네이터 역할을 하는 "특별지원교육 코디네이터"의 존재가 중요하다. 이 코디네이터 제도는 영국의 '특별한 교육적 요구 코디네이터'와 국가 복지 분야의 '코디네이터'의 역할 기능을 참조한 것으로서 2004년 가이드라인에는 모든 양호학교와 초·중학교에서 특별지원교육 코디네이터를 지명하고 교무분야에 명확하게 위치하도록 하는 것을 요구하고 있다.

맹·농·양호학교에서는 학급담임과 학생지도를 담당하는 교사가 중심이 되고, 초·중학교 등에서는 장애학생의 교육에 관한 지식과 경험을 가진 특수학급의 교사가 중심이 되어 교직원 전체의 특별지원교육에 대한 이해를 기본으로 교내 협력체제를 구축하고 개별화교육지원계획의 작성을 실시한다. 특히 초·중학교에서는 교직원의 배치 혹은 시설·설비의 상황을 고려하여 독자적으로 대응하기에는 한계가 있기 때문에 특별지원교육의 센터역할을 하는 양호학교와 의료, 복지 등의 관련 기관과의 협력이 필수적이다.

이렇듯 보호자와 관계기관은 학교의 창구로 코디네이터가 필요하게 되고 학교 내의 관계자와 복지, 의료 관계기관과의 연결조정자로 코디네이터의 역할이 필요하므로 초·중학교에서는 장애학생의 발달 전반에 관계되는 일반적 지식 및 상담 마인드를 가진 사람을 특별지원교육 코디네이터로 지명하여 교내위원회의 추진체 역할, 전문가 팀, 관계기관의 연결조정 등을 실시하는 것이 필요하다. 또한 양호학교의 지역적 센터기능으로 살펴보면 양호학교의 특별지원교육 코디네이터는 ①초·중학교 등의 교사의 지원기능 ②특별지원 등에 관한 상담·정보제공기능 및 장애학생의 지도·지원기능 ③관계기관과의 연락·조정기능 등에서 중심적 역할을 담당할 것으로 기대된다.

(3) 특별지원연대협의회 등의 설치

개별화교육지원계획을 작성하고 그것에 기초한 교육지원을 원만하게 실시하기 위해서 관계기관 간의 밀접한 연대협력이 가능하도록 광역지자체인 도도부현(都道府縣) 등에 '광역특별지원연대협의회'가 설치되었다. 실제로 도도부현(都道府縣) 교육위원회의 관계 조직과 복지, 보건, 의료, 노동관계 등의 조직을 활용하고 관련 대학과 NPO법인을 추가하여 상기의 조직을 출발시켰다. 이러한 광역특별지원연대협의회를 기본으로 하여 각 도도부현(都道府縣)의 실정에 맞추어서 일정 규모의 지역이 지원지역으로 설정되었다. 이러한 지원지역에는 '특별지원연대협의회'가 설치되고 지역 내의 양호학교와 초·중학교, 의료·복지 등의 전문기관이 지원 네트워크 구성하고 지역 전체에서 장애학생의 다양한 교육적 요구에 대응해 가는 체제가 구축되었다.

지원지역의 설정 방법은 지방분권의 관점에서 지역 실정에 적합하고 장애보건복지 권역의 적합성을 가진 광역적인 설정방법과 함께 기초자치단체, 학교구역 등을 기준으로 한 것 등의 다양한 방법이 고안되었다. 즉, 지역에 적합한 지원의 이용가능한 관계기관의 소재와 그 기관이 가지는 교육지원의 기능을 고찰하고 탄력적으로 설정하는 것이 중요하다. 지원지역에 있어서 네트워크 구축을 통한 효과적 교육지원체제를 구축하고 교육에 관한 전문성 높은 기관이 뒷받침되어 관계기관의 지원과 이러한 기관과의 연대협력을 도모하는 등의 지도적인 역할을 담당하는 것이 중요시 되었다.

전문적 지식과 기능이 근간이 되는 교육지원에는 맹·농·양호학교가 중요한 역할을 담당한다고 예상하였다. 따라서 이 학교들은 전문성을 한층 향상시키고 복지기관 등의 관계기관과 연대를 실시하며 학교의 재적 학생에 대해 보다 질 높은 교육을 실시하고 지원지역에서는 그 전문성을 충분히 발휘하고 초·중학교 등의 교육활동을 지원하는 등의 각 지역의 특별지원교육의 센터 역할을 해야 한다는 것이 요청되었다.

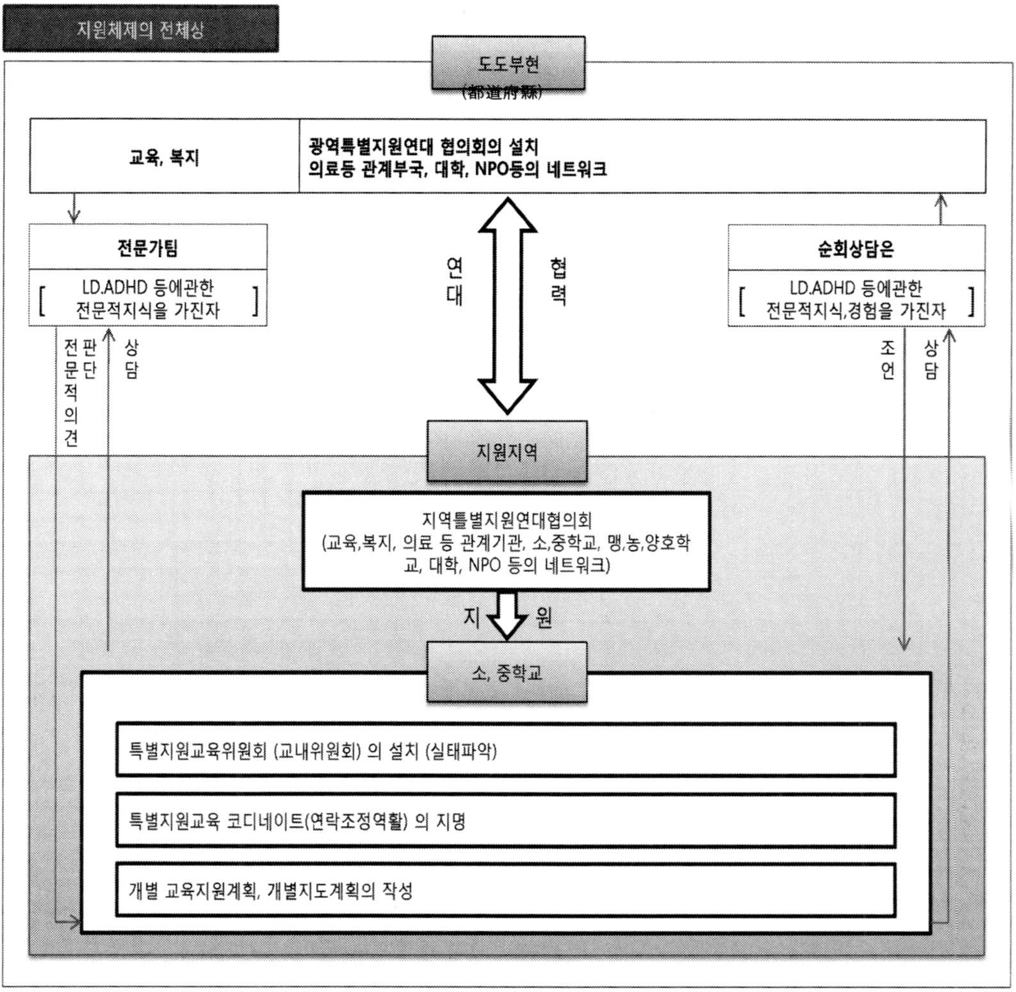

<그림 2-2> 지원체제

3. 특별지원교육 코디네이터 제도

1) 특별지원교육 코디네이터의 탄생

(1) 특별지원교육 코디네이터 탄생의 배경

특별지원교육의 필요성이 일본에서 처음 공식적으로 제시된 것은 문부과학성이 설치한 "특별지원교육의 방법에 관한 조사연구협력자회의"가 2003년에 발표한 "향후의 특별지원교육의 방법에 관하여(최종보고)"이다. 특히, 학교에서는 교직원 전체의 특별지원교육에 대한 이해를 바탕으로 학교 내의 협력 체제를 구축하는 것에 그치지 않고 학교외의 관계기관과의 연대협력이 부가결하다고 보고 특별지원교육 코디네이터의 필요성을 제언하였다.

특별지원교육은 전술한 바와 같이 종래의 특수교육의 대상을 확장하여 학습장애, ADHD, 고기능자폐증을 포함한 장애학생의 자립과 사회참가를 목표로 각 학생의 교육적 요구를 만족시키고 필요한 힘을 기르고 생활과 학습상의 곤란을 개선, 극복하기 위한 적절한 교육과 지도를 통하여 필요한 지원을 실시하는 것으로 구체화된다. 그리고 특별지원교육을 추진하기 위한 조직으로써 "특별지원교육 코디네이터", "개별화교육지원계획", "광역특별지원연대협의회"가 제시되었지만 그 중에서도 교내와 지역의 특별지원교육추진의 중심으로 자리 잡은 것이 특별지원교육 코디네이터이다.

(2) 학교의 종합적인 대응

최종보고서에서 처음 제시된 특별지원교육 코디네이터는 개별화교육지원계획, 광역특별지원연대협의회와 함께 매우 중요한 개념으로 향후 일본에서 특별지원교육추진의 중요한 역할을 담당하였다. 또한,

전년도까지 각 도도부현(都道府縣)의 시범학교에 도입되었던 교내위원회, 전문가 팀, 순회상담 이라는 시스템은 이후 일본 전체 초·중학교에 도입되었고 학습장애, ADHD, 고기능자폐증 등이 있는 학생의 지원은 교사 1명의 노력으로 가능하지 않으므로 학교의 전체적·종합적인 대응이 필요하다고 보았다. 교사 1명에 의한 지원에서 팀 시스템의 대응을 요구하게 되었다. 또한, 맹·농·양호학교는 지역에서 초·중학교 등에 대한 교육지원(교원, 보호자에 대한 상담지원 등)의 역할로 그 역할이 한층 강화되고 지역의 특별지원교육의 센터역할을 담당하는 학교(특별지원교육학교)의 제도제정에 통한 법률개정의 구체적인 검토가 필요하다고 보았다. 따라서 초·중학교에서의 구체적인 지원은 맹·농·양호학교에서도 실시되었다.

상기의 다양한 조직에 의하여 학교의 전체적·종합적인 대응으로 장애학생 각각의 다양한 요구에 부응할 수 있다. 그리고 필요한 지원을 연결하는 중추적 역할을 하는 사람이 "특별지원교육 코디네이터"인 것이다.

(3) 코디네이터에 관한 외국의 상황

① 미국 : Special Education Coordinator

미국에서는 연방정부 차원에서 SE(Special Education: 특별지원교육) 코디네이터의 역할은 명시되지 않고 있지만 각 주(州)와 교육군에서는 구체적으로 명시하고 있다. 미국의 펜실베니아주에 있는 Virtual Charter School에서는 SE 코디네이터의 업무와 요건을 다음과 같이 명시하고 있다.

〈업무〉

㉠ 교원의 직무을 수행하면서 역할을 부여

㉡ 단기적인 출장프로그램과 기록장치(기기), 단기적인 프로그램

요구와 설비 감독 및 컴퓨터 통신의 메시지 등의 기록

㉢ 주(州)가 실시하는 학력검사를 SE가 필요한 학생을 위하여 조정

㉣ 이동을 위한 서비스에 관하여 SE디렉터와 매니저와 함께 연대

㉤ (특히) 임명된 자로서의 관리책임

〈요건〉

㉠ SE의 자격을 가지고 있는 자

㉡ 최소한 3년 이상의 지도경험이 있는 자

㉢ 조직을 운영할 수 있는 기술이 있는 자

㉣ 작은 부분에도 주의를 기울일 수 있는 자

㉤ 고도의 컴퓨터 기술을 가진 자

㉥ 일정 정도의 관리직 경험이 있는 자

② 영국 : Special Education Needs Coordinator

영국은 SEN(Special Education Needs: 특별한 교육적 요구) 코디네이터의 역할과 기능을 국가수준에서 규정하고 매뉴얼을 작성하고 있다. 이 매뉴얼에 의하면 다음의 7가지를 주요업무로 하고 있다.

㉠ 각 학교의 SEN방침을 매일 작성하도록 한다.

㉡ 동료 교원과 연대하고 그들에게 조언한다.

㉢ 특수한 교육적 요구의 아동을 위해 인적 배치(정원)를 조정한다.

㉣ 특수한 교육적 요구의 전체 학생의 명부와 기록을 보관한다.

㉤ 특수한 교육적 요구가 필요한 아동들의 보호자와 연대한다.

㉥ 교내에서의 교직원의 연수를 기획 및 실시한다.

㉦ 교외의 기관과 연대한다.

③ 한국

한국에서는 코디네이터라는 명칭을 사용하고 있지 않고 지명하지도 않지만 일반학교의 특수학급(일본에서는 특별지원학급)의 담당자 등이 일본의 특별지원교육 코디네이터와 비슷한 업무를 수행하고 있다.

또한, 특정 고등학교에서는 특수학급의 담당자가 코디네이터 역할을 수행하고 있다(일본에서는 고등학교의 특별지원학급은 설치되어 있지 않음). 특정의 특수학교(일본에서는 특별지원학교)에서는 지역지원의 담당자에 의한 센터기능을 대신하는 업무를 수행하고 있다.

2) 코디네이터의 역할과 전문성

(1) 코디네이터의 역할

2003년의 최종보고에서는 특별지원교육 코디네이터를 교육지원으로 명확히 명시하고 학교 내의 교직원 전체의 특별지원교육에 대한 이해를 시키고 학교 내의 협력 체제를 구축함과 동시에 초·중학교 혹은 맹·농·양호학교와 관계기관과의 연대협력체제의 정비를 도모하며 그 위에서 구체적인 역할에 관해 명시하고 있다.

우선 일본에 약 33,000개 정도 있는 초·중학교의 특별지원교육 코디네이터는 ①학교 내의 관계자와 관계기관과의 연락·조정 ②보호자에 대한 학교의 창구기능의 수행을 기대하였다. 한편, 일본에 약 1,000개 정도 있는 맹·농·양호학교(현재의 특별지원학교)의 특별지원교육 코디네이터의 역할은 초·중학교의 코디네이터와 기본적으로는 동등하지만 지역의 센터기능을 담당하는 것은 초·중학교의 코디네이터와는 다소 다르다. 지역지원의 기능은 ③초·중학교의 추가 지원의 추진 ④지역 내의 특별지원교육의 중심으로 하는 관계기관과의 보다 밀접한 연락조정이다.

문부과학성은 2004년에 초·중학교의 학습장애, ADHD, 고기능자폐증 학생에 대한 교육지원체제의 정비를 위한 가이드라인을 작성하였다. 그 중에서 특별지원교육 코디네이터에 관한 역할을 다음의 표 2-3과 같이 제시하였다.

〈표 2-3〉 가이드라인에서 제시한 특별지원교육 코디네이터의 역할

1. 교내의 관계자와 관계기관과의 연락조정 교내의 관계자와 의료, 복지 등의 관계기관과의 연락조정, 보호자와의 관계 만들기를 수행 (1) 교내의 관계자와의 연락조정 (2) 관계기관과의 연락조정 (3) 보호자와의 관계 조성 2. 보호자에 대한 상담창구 보호자에 대한 학교의 상담창구가 되어 보호자를 지원 (1) 보호자의 기분을 수용 (2) 보호자와 함께 대응책 마련 (3) 보호자에의 지원체제 3. 담임에 대한 지원 담임교사에 대한 상담에 응하고 조언을 하는 등의 지원을 수행 (1) 담임과의 상담을 통한 상황을 정리 (2) 담임과 함께 학생이해와 지원체제 4. 순회상담과 전문가 팀과의 연대 교내에서의 적절한 교육적 지원에 연결하도록 교육위원회에 설치되어 있는 순회상담과 전문가 팀과의 연대를 도모 (1) 순회상담원과의 연대 (2) 전문가 팀과의 연대, 전문가 팀에의 판단 의뢰, 전문가 팀으로부터의 지도·조언의 활용, 5. 교내위원회에서의 추진 역할 교내위원회의 적절하고 원만한 운영이 가능하도록 추진역할을 담당 (1) 교내위원회에서의 역할 (2) 교내의 상황파악과 정보수집의 추진, 교직원의 의견과 요구의 파악 보호자의 요구의 파악, 교내의 정보 파악 (3) 사례회의의 개최와 교내위원회, 사례회의를 위한 정보수집과 진행 사례회의의 결과와 교내위원회 (4) 개별화교육지원계획의 작성에 대응 (5) 교내위원회에서의 개별지도계획의 작성에 대한 참조 (6) 교내 연수기획과 실시, 연수회의 제안, 연수회의 실시와 평가

(출처) 2004년 일본문부과학성 발췌

(2) 코디네이터에게 요구되어지는 자격·기능

코디네이터에게 요구되어지는 자질과 기능은 ①연락·조정 ②특수한 교육적 요구가 필요한 아동과 보호자의 이해 ③장애학생에 대한 교육 실천의 충실에 관한 것 등이다. 그 구체적인 내용은 다음과 같다.

① 연락·조정; 교내에서 특별지원교육체제 구축에 관한 것

② 특수한 교육적 요구가 필요한 아동과 보호자의 이해; 장애학생의 발달과 장애에 관한 일반 지식, 학생과 보호자와 담임의 상담

③ 장애학생에 대한 교육실천의 충실; 장애학생의 특징에 관한 일반적 지식(특히 학습장애, ADHD 등의 경도발달장애), 개별화지도계획의 작성, 실시, 평가 및 개별화교육지원계획에 관한 것

(3) 코디네이터의 지명

특별지원교육 코디네이터는 학교장이 지명하게 되어있다. 학교장은 특별지원교육을 추진하는 데 있어 학교에서 특별지원교육의 추진 상황과 이후의 대처에 대한 과제 등을 포함하여 담당자를 지명한다. 특별지원교육 코디네이터의 지명은 2003년 4월부터 시작되었지만 그 역할의 필요성과 중요성 때문에 구체적인 지명과 필요한 양성이 일본 각지에서는 급속하게 진행되었다.

초·중학교에서는 통합교실과 특별지원학급의 담당자가 높은 비율로 지명되었던 지역도 있지만 통합지도교실과 특별지원학급의 설치의 유무에 관계없이 교육상담 담당자와 학생지도 담당자가 지명되었던 경우가 많은 지역도 있다. 또한 학년주임, 교감, 양호교사 등이 지명된 경우도 있다. 통합교실과 특별지원학급, 특별지원학교의 경험자는 특별지원교육 코디네이터의 주요 후보가 되지만 그것에 국한되지 않고 코디네이터의 높은 자질과 능력을 가진 자, 그러한 목표로 가진 자가 특별지원교육 코디네이터로 될 수도 있다. 그리고 통합학급의 특별지

원교육 수업을 실시하기 위해서 특별지원교육 코디네이터의 조언과 상담의 기대도 있는 만큼 통합학급의 각 교과에서 수업이 뛰어난 교사를 지명하는 경우도 있다. 또한 중학교 등에서는 학생지도의 과제와 특별지원교육의 과제에 적절하게 대응하기 위해 학생지도 담당자가 지명되는 경우도 있다.

3) 학교에서의 활동 실제

(1) 코디네이터 활동의 기본과 동향

각 학교가 특별지원교육을 추진할 때 중요한 점은 관리직은 물론 교내의 모든 교직원의 의식개혁이 필요하며 학교 전체가 종합적으로 대응해 나가는 것이 가능한지가 중요하다. 코디네이터는 특별지원교육 추진의 중요한 역할을 하지만 코디네이터만이 교내의 특별지원교육을 추진하는 것은 아니며 학교 전체가 함께 종합적으로 추진하는 것을 필요하다. 학교장의 리더십을 바탕으로 전 교직원의 이해 및 협력으로 추진 체제가 정비되는 것이 필수적인 것이다. 특별지원교육 코디네이터의 활동은 학교 실정에 따라, 코디네이터의 자질과 기능에 따라 다르지만 다음 내용이 기본적인 것으로 제시되고 있다.

교내위원회에서의 리더십 발휘, 학생실태의 파악, 각종 정보수집, 개별화지도계획의 작성에 대한 참여, 개별화교육지원계획에 대한 참여, 교직원의 이해와 협력 촉진, 교내연수의 기획과 실시, 교외의 전문가 및 전문기관과의 연대, 보호자와의 상담 등이다.

(2) 학교종류에 따른 코디네이터의 특징

현재 일본은 학교 종별과는 상관없이 코디네이터가 지명되고 활동하고 있다. 그러나 학교종별에 따라 공통 역할과 기능이 있지만, 실제의 활약에서는 학교종별에 의해 다른 특징도 명확하게 나타나고 있다.

① 유치원

다른 학교와 비교해서 아동수와 교원수가 적어서 정보교환이 원활하고 의사결정도 빠르며 교육관계자가 일체가 되어 다양한 과제를 빠르고 적절하게 진행하는 것이 쉬운 조직의 모습을 보이고 있다. 한편, 다양한 아동의 상태는 발달장애 등의 장애에 기원하고 있는지, 성장과정의 과도적인 개인차 인지 등에 대해 판단하기 어려운 경우가 많다. 이러한 유치원만의 특징이 원내의 코디네이터 활약에 영향을 준다.

② 초등학교

초등학교에서는 학생의 학습과 행동에서 개인차를 보이게 된다. 경우에 따라서는 학습장애, ADHD, 혹은 자폐증의 장애특성이 나타나기도 한다. 즉, 학생의 장애상태를 파악하는 상황이 증가하고 그에 따른 필요한 지원도 명확하게 나타나서 교사 1인에 의한 지도가 어렵다는 점도 명확해진다. 이에 따라 교내의 코디네이터는 학생의 장애에 대한 인식과 교사의 지도에 대한 인식도 중요하며 교내에서 팀 과제의 정리와 대응의 검토, 대응과 평가를 실시하는 것이 요구된다.

③ 중학교

사춘기에 접어 든 중학생은 그 상태가 더욱 다양화되고, 학생지도의 과제와 여러 가지 건강상의 문제 등을 포함하여 복잡한 상태를 나타내는 경우가 생겨난다. 그러므로 교과담당교사, 보건교사, 학생지도담당자 등 교내의 관계자에 의한 팀 접근이 필수적이다. 교내의 코디네이터는 이렇듯이 다양한 인재를 모은 리더의 역할과 과제해결을 수행해야 한다.

④ 고등학교

고등학교는 성인이 되어가는 시기이므로 그에 따른 다양한 문제, 진학과 취직에 대한 선택의 문제 등 성인과 사회의 전환 시기를 어떻게 보내야 할지가 최대의 관심사가 되고 있다. 졸업을 하지 못하고 진로변경이라는 이름으로 학습도 취학도 하지 않은 상태에 처한 경우의 대응도 요구된다. 교내의 코디네이터는 특별지원교육의 과제에 국한하지 않고 관련된 문제해결을 위해 적절한 연대·조정을 실시해야 한다.

⑤ 특별지원학교(특수학교)

특별지원학교의 소학부, 중학부, 고등부 등에 장기적으로 재적하는 학생도 있으며, 초등학교와 중학교 등 일반학교로 전학가거나 반대로 전입해오는 학생도 있어 이러한 이동에 대한 특별한 주의가 필요하다. 그러기 위하여 초·중학교 이상의 개별화교육지원계획 등의 적절하고 유효한 활용이 필요하다. 또한 장애종류와 정도를 포함한 다양한 요구를 지닌 학생이 재적하기 때문에 각 학생의 요구와 그것에 대한 대응이 특히 중요하다. 따라서 특별지원학교의 코디네이터는 인근 초·중학교 등의 센터기능 업무를 추진하는 것이 중요하다.

4) 특별지원교육 코디네이터의 전망

(1) 필요하고 매력적인 교직

특별지원교육이 일본의 학교에서 확실한 위치와 성과를 올리기 위해서는 특별지원교육 코디네이터의 업무가 없어서는 안 될 매력적인 것이 되어야 한다. 이러한 업무의 성공여부가 일본의 특별지원교육이 성공할 수 있는지의 주된 가늠자가 된다고 볼 수 있다.

코디네이터로 지명된 사람은 특별지원교육의 추진에 중요한 역할을 하게 된다. 통합학급에 재적하고 있지만 특수한 교육적 요구가 필요한 학생과 통합지도를 받고 있는 학생, 특수학급에서 공부하는 학생 등 코디네이터는 이 모든 학습자를 위하여 더 나은 학습과 생활이 가능하게 하는 것이 목표이고 이에 필요한 정보를 수집하고 교내 전체의 조정역할과 외부의 전문가와의 연결 및 조정을 실시하고 보호자와의 연대 창구가 되어 활약하게 된다. 그리고 코디네이터의 이러한 모습은 교직원과 보호자로부터 큰 신뢰와 기대를 받게 된다. 코디네이터가 맹·농·양호학교의 코디네이터라면 그 학교의 학생 지도뿐만 아니라 센터기능도 수행하게 되어 인근의 초·중학교 코디네이터와 함께 업무를 수행하게 된다. 뿐만 아니라 다양한 복지분야의 코디네이터와의 연대 등 보다 다양한 연대활동을 실시해야 한다. 이러한 모습은 교직원과 보호자뿐만 아니라 대외의 관계기관으로부터도 신뢰와 기대를 얻게 될 것이다.

이렇듯 특별지원교육 코디네이터는 없어서는 안 될 매력적인 업무를 가지게 되는 것이다. 학생들을 지도하는 교사라면 꼭 해보고 싶다는 생각을 하는 사람들이 점점 늘어나게 될 것이다. 이러한 업무들을 실제로 해나가면 특별지원교육 코디네이터는 반드시 필요하며 교사라면 반드시 해보고 싶다는 생각을 가지게 될 것이다.

(2) 특별지원교육 코디네이터의 전망

2003년 3월에 일본에서 발간된 "향후의 특별지원교육의 방법에 관하여(최종보고)"에서 처음으로 특별지원교육 코디네이터의 역할 등이 제시되었다. 당초에는 시범사업으로 일부 지역에서만 시작되었으나, 뒤이어 실시 지역이 넓어져서 2007년부터 일본의 거의 모든 학교에서 코디네이터가 지명되고 활약하는 것을 목표로 하게 된다. 이를 위한 정비작업을 실시되는데 향후의 과제를 정리하고 전망하면 다음과 같다.

① 양성 프로그램 개발의 필요성

도도부현(都道府縣)·정부시행령 지정도시가 특별지원교육 코디네이터의 양성 프로그램을 개발할 때의 유의점은 다음 10항목이 제시되었다.

㉠ 양성업무의 명확화

㉡ 양성 프로그램 내용의 연구

㉢ 프로그램 내용과 코디네이터에 기대되는 역할과의 관계

㉣ 양성 스케줄에 대한 연구(횟수 등)

㉤ 스텝업(step up)연수와 추적조사, 연수 등의 연구

㉥ 연수성과에 대한 다각적인 분석

㉦ 현장요구에 부응하여 개선해나가는 자세(PDCA사이클)

㉧ 광역지자체인 도도부현(都道府縣)에서 실시하는 프로그램과 기초지자체인 시군구에서 실시하는 프로그램에 대한 역할분담의 명확화

㉨ 지역별 코디네이터 매뉴얼의 개발

㉩ 자치제만의 특색 있는 양성 프로그램 개발

자치제에서는 어떤 특별지원교육 코디네이터가 필요한지를 명확하게 하고 그것에 기초한 양성 프로그램을 개발하는 과정이 매우 중요하다. 즉, 그 지역에서는 코디네이터가 어떤 역할을 하면 좋은지, 교내에서 어떤 교사가 지명되고 있는지 등을 종합적으로 분석하는 것이 중요하다. 교내 뿐 만이 아니라 일정규모의 지역 내에서 코디네이터 제도를 실시해서 지역의 중추적인 역할을 담당하는 지역 코디네이터의 존재가 필요하다는 판단을 하는 자치제도 있다. 스텝업 연수와 추적조사, 혹은 상급 코디네이터의 양성 등도 연구되기 시작하였다. 이렇듯 국가가 제시한 특별지원교육 코디네이터의 기본적 역할과 기능에 입각하여 자치제의 독자적인 연구를 진행하는 것이 필요하다.

② 실천사례의 수집과 정보의 필요성

일본에서 특별지원교육 코디네이터 제도가 시작된 지 얼마 지나지 않았다. 따라서 일본 각지의 학교에서 실험적 사례를 폭 넓게 수집하

고 그에 따라 필요한 분석을 수행하여 홍보해가는 작업이 필요하다. 이러한 정보를 정리하여 전달해가는 작업은 그 지역의 특별지원교육 코디네이터 제도의 보급과 질의 향상에 이어질 것이다.

③ 코디네이터의 활약 상황의 평가 필요성

특별지원교육 추진의 특징 중 하나는 PDCA(Plan-Do-Check-Action) 사이클로 그 업무를 추진한다는 점인데 특별지원교육 코디네이터서도 다양한 수시평가를 통하여 문제점을 개선시켜 나가는 것이 필요하다. 이러한 과정들은 특별지원교육 코디네이터의 지명과 추진의 빠른 진행을 가능하게 하고 개선을 이어지게 할 수 있다.

구체적 평가대상은 특별지원교육 코디네이터의 개인적 활약에 대한 평가, 지역 내에서의 활약상, 지역의 퍼포먼스에 관한 평가, 그리고 양성프로그램의 유효성의 평가 등이 있다.

④ 특별지원교육 코디네이터의 전국적 거점형성의 필요성

상기와 같이 앞으로는 특별지원교육의 양성프로그램의 개발 등이 재검토되고 자료수집, 홍보활동과 코디네이터의 평가 등이 일본의 전국적인 규모로 이뤄져야 할 것이다.

구체적으로는 도도부현(都道府縣) 및 정부지정도시에서 특별지원교육 코디네이터의 양성 프로그램의 수집과 분석이 필요하다. 특별지원교육 코디네이터에 관한 지역단위의 상황을 파악하는 일을 시행하면서 그러한 것을 집약하고 전국적인 동향의 파악도 수행해야 한다.

특별지원교육 코디네이터는 교내외의 관계자와 관계기관을 이어주는 역할을 수행하며 특별지원교육 추진의 중심으로 자리 잡고 있다. 이러한 코디네이터의 역할은 매우 중요하며 가까운 시기에 일본도 학교의 전체적·종합적인 대응에 통해서 각각 장애학생의 다양한 요구에 부응하는 것이 가능해 질 것이다. 그리고 학교에서 혹은 지역에서 특별지원교육이 어떻게 추진되고 있는가를 분석해 보는 것은 특별지원교육 코디네이터의 활약상을 파악한다면 알 수 있게 될 것이다. 특별지원 코디네이터의 양성은 그만큼 중요한 의미를 가지고 있다.

4. 특별지원교육에서의 평가의 역할

일본의 특별지원교육은 다양한 단위의 PDCA(Plan-Do-Check-Action) 사이클에 의해서 추진되고 있다. 그러므로 특별지원교육의 추진에 의한 평가의 역할이 크다. 특히 평가 대상과 평가 조직의 설정이 중요하다. 특별지원교육에서의 평가는 정책 평가, 학교 평가, 학생 평가, 사용자 평가 등의 다양한 시점에서 고려되어야 한다. 그리고 "발달장애자 지원법"의 부칙에는 3년 뒤 새로운 규정을 포함하도록 규정하고 있는데 법령도 평가의 대상으로 규정하여 법률의 실행상황을 포함하여 일정기간 후에 재검토해야 한다.

정책의 기획과 입안, 실행의 상황적인 평가는 이미 국가수준 및 자치체 수준에서 시작되고 있다. 특히, 자체체 수준에서는 전국 각지의 도도부현(都道府懸), 정부령 지정도시 뿐만 아니라 기초자치단체까지 포함하여 정책평가와 그 정보제공이 착실하게 정착되었다.

그 배경에는 정책평가에 관한 법적 제공이다. 행정기관이 실시하는 정책의 평가에 관한 법률이 2002년 4월부터 실행되었는데, 그 목적은 행정기관이 실시하는 정책 평가에 관한 기본적 사항 등을 지정하고 정책 평가의 객관적이고 엄격한 실시를 추진하여 그 결과를 정책에 적절히 반영함과 동시에 정책 평가에 관한 정보를 공표하고 더욱 효과적이고 효율적인 행정의 추진을 실시하는 것이다. 또한, 일본은 국가수준 뿐 만 아니라 지방자치단체까지 사무업무의 집행기능은 있었지만 정책을 스스로 창출하는 정책기능은 없었다고 볼 수 있다. 그렇지만 2000년 12월부터 일본에서는 지방분권의 일괄법이 시행되고 국가와 지방의 기관이 지금까지의 주종(主從)의 관계를 탈피하여 연대협력의 관계로 이행되었다. 즉, 각 지방자치단체도 정책기능을 가지게 된 것이다. 그 결과 국가수준 뿐만 아니라 지방자치단체 수준에서도 정책 평가가 필요하게 되었다.

특별지원교육의 추진에 관한 정책 평가로는 국가수준에서 새롭게 성립된 법령과 개성되었던 법령에 기초하여 전개되었던 각종 정책의 평가, 각종 시범사업 등의 평가, 독립행정법인 국립특별지원교육종합연구소(구. 국립특수교육종합연구소)의 평가 등이 있다.

한편 지방자치단체에서는 특별지원교육 추진에 관한 기본계획의 실시상황의 평가, 특별지원교육을 추진하기 위한 새로운 인재투입의 평가, 각각의 시범사업 평가, 교육센터 등에서 실시된 특별지원교육 코디네이터 등의 교원연수 평가 등이 있다. 그 이후로도 초·중학교에서 장애학생에 대한 특별지원교육의 발전 평가, 특별지원학교의 센터기능 평가 등도 실시하게 된다. 결국 평가계획을 작성하고 평가대상과 평가절차를 명확하게 해두는 것이 매우 중요하다. 또한 각종 평가를 실시하여 얻어진 평가결과는 홈페이지 등을 통하여 국민에게 알리는 것도 중요하다.

최근 일본에서는 학교평가의 중요성의 인식이 높아지고 학교평가 시범학교도 생겨나기 시작했다. 각각의 학생평가뿐만 아니라 각 학교도 평가를 받고 있으므로 다음 학기나 다음 학년도에서 한층 진보된 변화로 이어지는 것이 가능하게 되었다. 이러한 사항들은 법적으로도 위치를 잡게 되고 가이드라인도 제시되며 특별지원교육의 관점에서 각 학교의 지원체제의 구축상황을 만족시키기 위한 도구도 개발되고 있다.

특별지원교육 추진의 평가는 특별지원교육을 받는 학생의 평가를 빼놓을 수 없다. 특별지원교육의 지도와 지원에서 학생평가는 학습장애, ADHD, 고기능자폐증 등을 포함하는 모든 장애학생에 관하여 기본적으로는 개별화지도계획 안에서 실시되어야 한다. 학년 초에 1년의 장기목표와 매월 혹은 학기마다의 단기목표를 설정하고 그것에 기초하여 구체적 지도방법을 명기하고 정기적으로 평가하여 학년 말에는 장기목표의 달성상황 여부를 평가하게 된다. 목표 설정은 학습부분 뿐 만 아니라 행동, 생활장면도 포함시켜야 한다. 그리고 특별지원학교에 재적하는 학생에 대해서는 교육, 의료, 복지, 노동 등의 관계자와 관계기관을 연계하여 평가표를 작성하게 되고 그러한 평가표는 개별화교육지원계획의 주요한 평가 틀이 된다.

개별화지도계획과 개별화교육지원계획이라는 두 가지 틀 속에서 특별지원교육의 평가가 이루어지지만 특정의 관점에서 지도 및 지원의 평가를 종합적으로 실시하는 것도 중요하다. 예를 들면 교류 및 공동학습의 평가는 중요하다. 일본의 "장애자기본법"의 일부개정에 의해 교류 및 공동학습이 법적으로 더욱 더 중요하게 되었다. 초·중학교의 특별지원학급에서는 각 학생 실태에 따라 통합학급의 지도가 교류 및 공동학습으로 실시되기도 하였다.

특정 교과 혹은 단위에서도 어느 정도의 시간을 가질지 어떠한 방법으로 실시할 지 등에 관하여 사전계획을 세우고 실행하는 것이 중요하다. 연초에는 교류 및 공동학습에 관한 연간계획을 작성하고 그 목적과 방법, 개별교류 및 공동학습의 내용과 방법을 교내에서 함께 이해하는 것이 가능하다. 그러한 계획에 기초하여 학기마다, 연말에 평가를 실시하게 된다. 이 평가에 의해서 교류 및 공동학습의 평가는 여러 가지 수준의 평가로 실시되므로 학급의 학습과 생활의 성과와 과제를 명확히 하는 것이 가능하다.

5. 시사점

일본은 특수학교라는 명칭 대신 특별지원학교라는 명칭을 사용하는 점에 있어서 장애인에 대한 새로운 인식 전환이 성공했다고 볼 수 있다. 그리고 학급에 소속된 학생의 장애 등급에 따라 교원 수를 차별화해서 장애학생들을 세심하게 지도하고 있으며 일부 지역에서는 입학생 선발에서 국제보건기구(WHO)의 평가기준을 적용하여 장애 등급에 따라 학생을 수준별로 선발하고 직업교육을 실시하므로서 취업률이 높이는, 이른바 상향식 평준화를 이루었는데 이 점은 우리가 배워야 한다고 생각한다.

일본도 특별지원교육을 실시하면서 여러 가지 문제점과 보완점들이 대두되어왔다. 어떤 제도와 방법도 완벽할 수는 없다. 그러나 일본의 상기 과정을 통해 얻을 수 있는 시사점을 정리하면 다음과 같다.

첫째, 학교, 가정, 사회가 하나 되는 지원시스템 구축이 요구된다.

장애의 중복화 및 다양화에 의해 장애학생이 가지는 요구는 이제 교육으로 국한된 되는 것이 아니라 복지, 의료, 노동 등으로 그 요구도가 매우 다양해 졌다. 장애학생에 대한 교육적 지원에서도 전문성에 기초한 종합적인 교육지원을 필요하며 이를 위해서는 교육 뿐 아니라 복지, 의료, 노동 등의 분야의 관계자와 관계기관과의 긴밀한 연대협력이 필요하다.

둘째, 특별지원교육의 핵심 역할을 위한 코디네이터 양성이 요구된다.

종합적인 교육지원을 위해서 보호자와 관계기관에게는 학교 창구의 역할, 학교 내의 관계자와 복지 및 의료 등의 관계기관에게는 연결조정자의 역할을 수행하는 사람이 필요하다. 이러한 역할은 특별지원교육 코디네이터가 맡게 된다. 구체적으로 초·중학교에서는 장애학생의 발달과 장애전반에 해박하고 일반적인 지식 및 상담기술을 가진 교사가 특별지원교육 코디네이터로 지명하는데 이 특별지원 코디네이터는 교내위원회에서의 추진역할, 전문가 팀, 관계기관으로서의 연결조정 등을 맡게 된다.

셋째, 장애학생의 연속성, 연계성을 가진 교육과 지원이 요구된다.

특수교육의 목적은 궁극적으로 장애학생의 사회적 복귀를 도와주는 것이라고 할 수 있다. 이러한 사실에 기초하여 일본 문부과학성은 학생의 개성 중시, 평생학습체계로 이행, 국제화와 정보화에 대한 대응 등을 교육의 주요 과제로 삼고 있다. 즉, 미래사회가 요구하는 자질과 능력이란 변화가 심한 사회를 '살아가는 힘'이라고 보고 있다. 따라서 앞으로의 교육은 장애학생이 '살아가는 힘'을 기르는데 중점을 두고 다양한 생활체험과 사회체험, 자연체험을 활성화하는 방안을 적극적으로 강구하고 있다. 또한 장애학생이 유치원부터 상급학교로 진학할 때에도 연계성을 가진 지도가 반드시 요구되며 사회의 한 구성원으로 살아가기 위한 능력을 기를 수 있는 맞춤형 교육과 지원을 실시하고 있다. 이러한 점은 우리에게 다양한 시사점을 준다고 여겨진다.

03

개별화교육계획의 한국과 일본 비교

崔明福

Ⅰ. 들어가며

1. 개인차에 의한 교육

장애아동의 상태는 다양하고 개인차가 크다. 또한 각각의 장애아동을 살펴보면 심신발달의 여러 측면에 불균형이 보일 때도 적지 않다. 따라서 장애아동의 발달과정을 정확하게 파악함과 동시에 개개인의 특성과 과제에 대해서도 충분히 고려하여 각 아동의 능력과 가능성을 계발하기 위해서는 "개인에 따른 지도(개인차에 의한 교육)"의 충실을 도모하는 것이 중요하다. 장애가 있는 아동에 교육적으로 대응하려는 "개인차에 위한 지도"는 특수교육의 시대에 하나의 특징이었고, 특수교육 현장에서는 옛 부터 "개인차에 의한 지도"에 깊은 관심을 돌리고 있었다(太田 , 1997). 개인차에 위한 지도는 특수교육의 본질이고(金子 , 1999), 그 실천은 1950년대부터 진행되어 왔다(宮崎 , 1997). 또한, 개인차에 의한 지도를 교육과정을 편성함에 있어서 지침으로 되는 학습지도요령에서 다음과 같은 변천을 겪어왔다.

특별지원교육(한국의 특수교육과 같은 개념임)에 있어서 개인차에 의한 지도가 처음으로 일본의 학습지도요령에 제시된 것은 1957년 맹학교 및 농학교의 학습지도요령 일반편이다. 거기에서는 "개성에 알맞게 교육과정을 편성해야 한다"고 하여 개개인의 장애상태와 특성에 알맞는 교육과정을 편성할 필요성이 있다고 서술되어 있다. 당시에는 특수교육 의무제의 대상자가 맹학교와 농학교에만 한정되어 있어서 그 내용도 극히 간단한 언급되었다. 정신지체아의 교육은 그 2년 후인 1959년에서야 양호학교 학습지도요령을 제정하기 위한 준비가 시작되었다.

양호학교의 학습지도요령은 1962년에 "정신지체 교육편", "지체부자유 교육편", "병허약 교육편"으로 편성되었다. 정신지체 교육편에서는 "아동의 특성이나 능력 등에 따른 구체적인 지도를 적절하게 진행한다.고 제시되어 있고 지체부자유 교육편과 병허약 교육편에서는 "아동의 발달단계의 경험 및 신체상황(또는 병허약·신체허약)에 근거하여 적절한 교육과정을 편성한다"고 명시되어 있다. 또한 1957년의 학습지도요령과 마찬가지로 개인의 장애상황이나 특성에 따른 교육과정 편성이 필요하다고 있다고 명시되어 있다. 그리고 학습지도요령의 해설에서는 "능력별 학급편성의 장점을 활용하는 것도 가능하다(정신지체교육)", "개별지도를 원칙으로 해야 한다(지체부자유)", "개인차에 대한 배려에 근거하여 개별지도를 철저하게 해야 한다(병허약 교육)" 등과 같은 개별지도의 필요성이 제시되어 있다.

1970년의 학습지도요령에서는 "각 아동의 정신발육지체 상황을 정확하게 파악하여 개인차에 따른 지도를 진행한다"는 배려사항이 명시되어 있고 특수교육 대상아동도 심신장애로 인하여 학습이 곤란한 아동, 중복장애자, 중복장애자 중에서 학습이 현저하게 곤란한 아동으로 구체적으로 규정되어 있다. 또한 맹학교, 농학교 및 양호학교에 양호·훈련의 영역이 신설되어 각 아동의 심신장애 정황의 발달단계 및 경험정도에 따라 개별적으로 지도방법을 적절하게 정하도록 한다 등의 양호·훈련의 개별지도가 강조되고 있다. 양호·훈련의 신설 이전에는 정신지체아 교육 분야에서는 장애아동에 대한 특별한 지도가 진행되지 않았지만 양호·훈련의 신설에 따라 개별적으로 장애아동을 지도하는 기본적인 내용이나 지도법에 대하여 연구가 진행되기 시작했다.

특수학교의 학습지도요령이 일원화된 1979년의 학습지도요령 총칙에서는 각 아동의 심신장애의 정황 및 능력과 적성을 정확하게 파악하기 위하여 힘쓰고 개인차에 따른 지도를 진행한다고 배려사항이 명시되었다. 양호학교 의무제가 실시되어 그 내용은 1970년도 것과 같으나 특수교육 대상아동이 심신장애로 인하여 통학하여 교육을 받기 어려운 아동까지 개별지도가 확대되었다. 1989년도 학습지도요령의 총칙에서는 "학교의 교육활동 전체를 통하여 각 아동의 장애상황과 특성 등을 정확하게 파악하고 개인에 따른 지도와 같은 지도방법의 연구와 개선에 노력해야 한다. 그럴 경우 아동의 심신장애상황과 학습진도 등을 배려하여 개별지도를 중시함과 동시에 필요에 따라 수업형태나 집단구성을 잘 조직하여 학습활동을 효과적으로 진행해야 한다"고 배려사항이 명시되었다.

여기서 "개인차에 따른 지도"라는 표현이 "각 개인에 따른 지도"라는 표현으로 바뀐 것은 특수교육에 있어서의 개개인에 대한 대응이 일반아동의 개성화 중시의 흐름 속에 포함되어 가고있는 상황을 시사하고 있다(清水 , 2000). 또한 양호·훈련의 지도계획 작성과 내용을 언급하는 중에는 장기적인 관점에서 지도목표를 정하고 그것을 달성하기 위하여 필요한 지도사항을 단계적으로 취급할 것과 각 아동의 실태에 따른 구체적인 방법을 창의 및 고안하고 아동의 의욕적인 활동을 촉구하도록 한다 등과 같이 개개인에 따른 지도를 한층 더 구체화해 갈 것을 서술하고 있다.

1991년도의 학습지도요령(문부성, 1992) 해설의 양호·훈련에서는 정신지체아 교육에 있어서는 될 수 있는 한 개별적으로 지도계획을 작성하여 개인 혹은 소집단을 대상으로 진행하는 것이 바람직하다고 기술되어 있으며 지체부자유아 교육에서도 지도계획은 각각의 아동에 대하여 작성하는 것이 원칙이하는 개별화계획의 작성에 대해 언급하고 있다. 1998년도의 학습지도요령(문부과학성, 1999)의 총칙에서는 "개인에 알맞은 지도를 충실하기 위하여 지도방법이나 지도체제의 연구와 개선에 노력해야 한다. 그럴 경우 아동의 심신장애 정황이나 학습진도 등을 고려하여 개별지도를 중시함과 동시에 수업형태나 집단구성의 연구 교사의 협력적인 지도 등에 따라 학습활동이 효과적으로 진행되도록 해야 한다"고 배려사항이 명시되어 있다. 또한 "양호·훈련"에서 "자립활동"으로 명칭이 변경되어 자립활동의 내용은 인간의 기본적인 행동을 수행하기 위하여 필요한 요소와 장애에 인한 여러 가지 곤란을 극복 및 개선하기 위하여 필요한 요소로 구성되었다. 이 요소는 5개의 구분으로 분류되는데 구체적으로 22항목으로 제시되어 있다. 그 내용은 장애종류를 넘어서 공통으로 제시되어 있다.

그리고 구체적인 항목을 선정할 경우의 관점에 대해서는 내용구분의 명칭, 항목 내용을 명확히 하기 위하여 신체의 건강→건강의 유지, 심리적 적응→심리적인 안정, 환경의 인지→환경의 파악, 운동·동작→신체의 움직임, 의지의 전달→의사소통 등으로 변경되었다. 그리고 자립활동에서는 "각 아동의 장애의 발달단계 등에 대한 정확한 파악에 근거하여 지도의 목표와 지도내용을 명확히 하고 개별지도계획을 작성해야 한다"고 개별지도계획의 작성이 규정되었다.

2008년도의 학습지도요령(문부과학성, 2009)의 총칙에서는 "개인에 따른 지도를 충실하게 하기 위하여 개별지도계획에 근거하여 지도방법이나 지도체제의 연구개선에 노력해야 한다. 그럴 경우 아동의 장애상태나 학습진도 등을 고려하여 개별지도를 중시함과 동시에 수업형태나 집단구성의 연구, 각 교사의 전문성을 활용한 협력적인 지도 등에 따라 학습활동이 효과적으로 진행되도록 해야 한다"고 배려사항이 명시되었다. 또한, 종래의 자립활동의 지도에서는 개별지도계획을 작성하고 구체적인 지도내용을 설정할 경우의 배려사항이 제시되어 있었지만 2008년도의 학습지도요령에서는 개별지도계획작성에 대한 이해를 더 한층 촉진하기 위해 아동의 실태파악, 지도목표의 설정, 구체적인 지도내용의 설정, 평가 등에 관한 배려사항 등이 각각 제시되어 있다. 그림 3-1은 과거 네 차례의 학습지도요령의 변천과정에서

1979년도 학습지도요령 개인차에 따른 지도

배려사항
- 지도계획단계에서 교재교구, 배당시간, 지도형태 등에 대하여 명확히 제시한다.

양호·훈련지도계획
- 개별적으로 지도방법을 적절하게 규정한다.

개성화의 측면
- 개성을 살린다.

개별화의 측면
- 개인차에 따른다.
- 개개인의 장애를 개선·극복한다.

→

1989년도 학습지도요령 개인에 따른 지도

배려사항
- 지도방법이 개선에 노력한다.
- 개별지도를 중시한다.
- 수업형태나 집단의 구성에 힘쓴다.

양호·훈련지도계획
- 될 수 있는 한 개별적으로 지도계획을 작성한다.

개성화의 측면
- 개성을 살린다.

개별화의 측면
- 개개인에 따른다.
- 개개인의 장애를 개선·극복한다.

→

1998년도 학습지도요령 개인에 따른 지도

배려사항
- 지도방법이나 지도체제의 개선에 노력한다.
- 개별지도를 중시한다.
- 수업형태나 집단구성에 노력한다.
- 협력적인 교사지도를 행한다.

자립활동지도계획
- 개별적으로 지도계획을 작성한다.

개성화의 측면
- 개성을 살린다.

개별화의 측면
- 개개인에 따른다.
- 개개인의 장애를 개선·극복한다.

→

2008년도 학습지도요령 개인에 따른 지도

배려사항
- 개별지도계획에 근거하여 지도방법이나 지도체제개선에 노력한다.
- 개별지도를 중시한다.
- 수업형태나 집단구성에 노력한다.
- 교사의 전문성을 활용한 협력적인 지도를 진행한다.

자립활동지도계획
- 개별적으로 지도계획을 작성한다.

개성화의 측면
- 개성을 살린다.

개별화의 측면
- 개개인에 따른다.
- 개개인의 장애를 개선·극복한다.

〈그림 3-1〉 학습지도요령에서의 "개인의 개념"

개개인에 대한 대응의 초점화, 지도계획 작성에 있어서의 배려해야 할 사항, 양호·훈련과 자립활동 등을 지도계획에 대한 요점을 정리한 것이다.

전술한 바와 같이 1957년의 맹학교 및 농학교의 학습지도요령 일반편에서는 개성의 필요에 따라라는 표현이 사용되고 그것이 1962년의 양호학교 학습지도요령에서는 개인차이, 능력, 특성 등으로 변화되었다. 1970년의 양호학교 학습지도요령에서는 개인차에 따른 지도의 어구로 명시되었고 1979년의 학습지도요령에서도 그대로 쓰이고 있다. 1989년의 학습지도요령 이후 개인에 따른 지도라는 표현으로 바뀌게 되었고 현재에 이르고 있다. 또한, 개개인에 따른 지도를 충실하게 하기 위하여 1998년에는 자립활동과 중복장애에 대하여 개별지도계획작성이 규정되었고 현재는 모든 장애아동에 대하여 각 교과에 관한 개별지도계획을 작성(문부과학성, 2009)하도록 되어 있다.

2. 교육과정과 개별지도계획

전술한 바와 같이 "개인차에 위한 지도"는 특별지원교육에서 무엇보다도 중시되어 왔지만 학습지도요령에서는 그 표기가 지도요령이 개정될 때마다 조금씩 변화되고 있다. 즉, 1957년에는 개인에 대응이 맹아동 혹은 농아동으로 한정되었지만 점차적으로 지체부자유아, 병허약아, 정신지체아에로 대상영역이 확대되어 1989년에는 일반교육 내의 아동에 대한 개성화의 이념 내에도 포함되었다. 그리고 1998년에는 개인차에 의한 지도를 충실하기 위한 개별지도계획의 작성도 규정되었다. 개별지도계획작성은 최초에 학습지도요령(문부과학성, 1999)에서 중복장애와 자립활동에만 한하여 규정되어 있었지만 2009년부터는 모든 장애아동에 대하여 각 교과에 관한 개별지도계획을 작성할 것을 규정하고 있다.

개별지도계획은 "각각 아동의 장애상태 등에 근거하여 세심한 지도가 진행될 수 있도록 학교의 교육과정이나 지도계획, 해당 아동의 개별교육지원계획에 근거하여 보다 구체적으로 각 아동의 교육적 요구에 따라 지도목표나 지도내용·방법을 포함한 것"(문부과학성, 2004)으로써 연간지도계획에서는 충분히 나타낼 수 없는 개개인에 따른 지도를 실현하는 것, 즉 지도목표의 개별화 및 구조화, 지도내용과 방법의 개별화를 도모해 가는 것이 기대된다. 개별화지도계획을 작성하는 의의는 개인적 요구에 따른 교육을 교사간의 공통 이해에 근거하여 진행하는 것이고 학교의 책무성을 위한 것이다. 또한, 각각 아동의 발달상태를 파악한 기초 상에서 교육과제를 설정하고 다음 지도내용을 선정하여 연간지도계획을 실행함에 따라 교육과정이 편성된다. 따라서 개별지도계획은 교육과정을 구체화한 것이고 지도현장에 있어서 지도목표나 지도내용·방법을 명확하게 하기 위하여 작성된 것이라고 말할 수 있다.

그림 3-2는 학습지도요령에서 교육과정 편성, 연간지도계획 등 지도계획의 작성, 개별지도계획, 수업의 흐름 등을 나타내고 있다. 한편 각 학교에서 편성되는 교육과정은 학교교육의 목적과 목표를 달성하기 위하여 교육내용을 아동의 심신발달에 맞춰 수업시수와 관련하여 종합적으로 조직한 각 학교의 교육계획이다(문부과학성, 1999). 개별지도계획은 이러한 교육과정 속에 위치하고 있으며 구체적인 수업계획 내용도 포함하고 있다고 말할 수 있다.

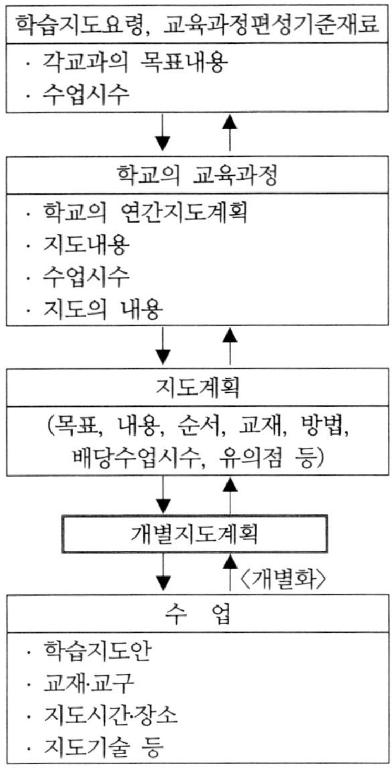

〈그림 3-2〉 학습지도요령에서 수업으로의 흐름(도쿄교육청, 1999)

개별지도계획작성에 관해서는 매개 아동에 초점을 맞춘 실태파악과 보호자의 의견을 청취하는 것으로부터 시작된다(富樫 , 2000). 담당교사는 수집한 여러 정보에 근거하여 각 아동의 연간목표를 설정한다. 이 단계에서는 아동의 실태에 근거한 폭 넓은 영역에서 연간목표가 설정된다. 이것은 수업형태나 수업시수와 분배 등 교육과정 편성의 중심적인 부분에 비추어 교육과정과 대조하는 형식으로 소재선택이나 배열 등 집단을 고려한 지도계획과 각 아동에 초점을 맞춘 학기목표 및 내용, 지도방법 등으로 구현된다.

그림 3-3에 제시한 것과 같이 학교의 교육계획은 법령 등에 근거하여 목표, 내용 등이 각 교과·영역 등에 망라되어 있으며 개별지도계획은 그것에 근거하여 각 아동의 실태에 따른 내용 등을 도입하여 개별화한 것이다. 또 반대로 아동의 실태 등이 교육과정 편성에 반영되어 교육과정 개선에 활용된다는 측면도 갖고 있다. 이와 같이 개별지도계획과 교육과정은 상호보완 관계이다.

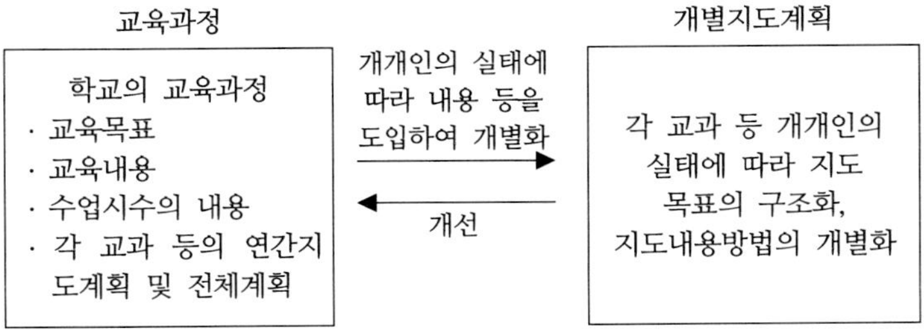

〈그림 3-3〉 교육과정과 개편지도계획의 관계

또한, 개별지도계획작성에서 실제수업에 이르기까지의 과정을 보면 이미 서술한 바와 같이 아동에 대한 정확한 실태를 파악하는 것에서 시작하여 지도목표의 설정, 학년과 학급의 지도계획에서 지도내용의 검토, 연간 개인별 지도계획표의 작성, 수업에서의 지도계획 작성이 진행되어 그것에 근거하여 수업에서 실제적인 지도가 시작된다. 바꿔 말하면, 아동의 실태파악에서 시작하여 교육과정에 근거하여 교육내용이 결정되고 그 내용에 따라 수업이 실시되며 실시된 결과에 의거하여 교육과정이 새롭게 편성된다는 관계에 기초하여 운영된다.

이러한 사항으로 볼 때, 개별지도계획을 어떻게 작성해 가는가 하는 것은 교육과정을 편성함에 있어서 매우 중요하다고 말할 수 있다. 나아가 개별지도계획의 학교에서의 위치를 생각해보면 본래는 지도계획이 실제 수업에 연결되어 있어 그 결과가 교육과정에 반영되도록 되어있는 것 또한 필요한 것이다. 다시 말하면 개별지도계획은 교육과정을 교과나 영역별로 구체화한 수업설계를 위한 도구로써의 지도계획의 측면과 교육과정 편성을 위한 기초자료의 측면이라는 2개의 기능을 가지고 있다는 것을 이해할 필요가 있다. 향후 이 두 가지 기능을 어떻게 지도계획에 도입해야하는가 하는 것은 개별지도계획을 실천에 알맞은 형태로 정착시켜 가는데 있어서 매우 중요한 것이다. 개별지도계획은 개인에 따른 지도를 구현화하기 위하여 그 작성이 규정되었고(安藤 , 2001) 특별지원교육에서도 반드시 필요한 사항이이다. 개별지도계획은 각각 아동의 장애상태와 교육적 요구에 따른 대응을 실현하는 방법이고 또 개인차에 의한 지도를 본질로 하는 특별지원교육의 방향성을 시사한다고 말할 수 있다.

3. 장애인제도 개혁 추진회의에 대하여

2007년에 일본의 특수교육이 특별지원교육으로 이행하여 벌써 6-7년이 지났다. 현재 일본의 문부과학성은 본 시책의 실현과 제도의 완성을 위하여 노력하고 있고 그 구체적인 방침으로써 장애가 있는 각 아동, 개개인의 교육적 요구에 따른 적절한 교육과 필요한 지원을 충실하기 위하여 모든 아동에 대하여 각 교과에 관한 개별지도계획을 작성할 것을 규정하고 있다. 다만, 향후 특별지원교육을 고려할 경우 다음과 같은 사항도 언급해야 할 것이다.

국제연합의 "장애인권리조약"을 비준하기 위하여 장애인제도개혁추진회의(2010)의 "장애인제도 개혁을 추진하기 기본적인 방향(제1차 의견; 2010년6월7일)"에서는 "장애를 이유로 한 차별금지법(가정)"의 설정 및 장애 유무와 관계없이 모든 아동은 지역의 일반 초·중학교에 취학하고 또한 일반학급에 재적하는 것을 원칙으로 하고 장애인이 초·중학교(특히 일반학급)에 취학할 경우 해당 학교가 필요한 합리적 배려로써의 지원을 강구하여 통합교육을 실현할 것을 제안하고 있다. 이 같은 제1차 의견 제출에 이어 2010년 6월 29일에는 "장애인제도 개혁을 추진하기 위한 기본적인 방향에 관해" 내각회의의 결정이 이루어졌다. 내각회의는 장애인권리조약의 통합교육제도 구축의 이념에 입각해 행정 및 재정적 측면을 포함한 교육제도개혁의 기본적인 방향에 대해 2010년도 내에 결론을 낸다고 결정하였다.

木舩(2010)는 장애인권리조약을 이해하기 위한 다음과 같은 2개의 요점을 들고 있다. ①장애를 이유로 한 차별이란 모든 분야에서 모든 형태의 차별이고 합리적인 배려의 부정도 포함하고 있다는 것에 유념해야 한다. ②또 합리적인 배려란 장애인이 다른 사람들과 같이 평등하게 모든 인권과 기본적인 자유를 향유하고 또는 행사를 확보하기 위해 필요한 당연한 변경과 조절이고 특별한 경우에 필요하며 또한 균형을 상실했을 때 과도한 부담을 부과시키지 않는 것이다. 이 내용을 특별지원교육의 용어로 바꿔 말하면 개개인의 교육적 요구에 따른 것이라고 이해할 수 있다. 장애가 있는 아동이 학급의 일원으로 되어 학교생활을 진행하기 위해서는 각 개인의 요구에 따른 적절한 변경과 조절을 행하는 것이 교육에서의 합리적인 배려의 제공이라고 말할 수 있다. 이와 같이 장애가 있는 아동의 교육적 요구에 따른 적절한 교육과 필요한 지원을 충실히 하기 위해서라도 개별지도계획의 작성에 따른 합리적 배려의 구체화가 필요하다고 여겨진다. 즉, 합리적 배려를 실시하기 위해서는 개별지도계획을 한층 더 확대, 심화할 필요가 있을 것이다.

"장애인제도개혁추진회의"의 제안은, 2007년에 일본에서 진행된

"특수교육에서 특별지원교육으로"의 변화보다도 더 큰 변혁을 요구하고 있다고 말할 수 있다. 또 일본이 "장애인권리조약"을 비준할 경우 이 내용을 향후 어떻게 특별지원교육에 구체화해야 할 것인가에 대한 검토도 필요하다고 생각한다.

이상과 같이 일본에서는 각 개인을 중시한 개인차에 의한 지도가 1980년대 후반부터 일반교육 내의 아동에 대한 개성화의 이념 속에 포함되었고 1998년에는 "개별지도계획"으로 명문화되었다. 그리고 개별지도계획은 아동 개인의 구체적 목표나 지도내용, 지도방법 등을 구체적으로 명시한 지도계획이고 매일 수업에서 지도내용이 개별적으로 준비되는 것을 의미하고 있다. 연말의 교육과정 평가는 지도계획에 따른 아동의 개별지도목표가 달성되었는가를 확인하고 그 결과가 다음 연도 교육과정의 개선에 적극적으로 활용되므로 특별지원교육에 있어서 꼭 필요한 요소이다.

최근의 의학과 심리학 등의 발전, 정상화 이념의 확산 등에 따라 장애 개념과 범위도 변화되고 있다. 문부과학성이 실시한 일본전국실태조사(문부과학성, 2005)에서는 초·중학교의 일반학급에 재적하고 있는 아동 중에 학습장애, ADHA 및 고기능자폐 등으로 인하여 학습이나 생활면에서 특수한 교육적 지원을 필요로 하고 있는 아동이 약 6%정도의 비율로 존재하고 있다는 가능성이 제기되었다. 현재 초·중학교의 일반학급에 재적하고 있는 아동 중에서 학습장애, ADHA 및 고기능자폐 등의 아동에 대한 지도와 지원이 긴급 과제로 되어있고 특별지원교육에 있어서 기존의 특수교육대상에 추가하여 학습장애, ADHA 및 고기능자폐 아동에 대해서도 적절한 지도와 필요한 지원을 진행해야 한다. 일본 정부는 이러한 정황의 변화에 적절하게 대응하기 위한 개선방안으로 모든 장애아동의 각 교과에 관한 "개별지도계획"을 작성하도록 규정하였다. 그리고 내각회의에서 결정된 "장애인제도개혁을 추진하기 위한 기본적인 방향에 관해" 등에서 그 내용이 실행되어 통합교육이나 합리적 배려가 실행될 경우 개별지도계획은 특별지원교육의 영역뿐 만아니라 일반교육에 있어서 가장 주목되는 중요한 부분으로 될 것이라고 생각한다. 이상의 내용을 살펴볼 때 개별지도계획을 향후 어떻게 규정하고 또 관련 규정 등을 어떻게 충실해 실행해가는 가에 대한 검토는 특별지원교육을 추진함에 있어서 큰 의의가 있다고 생각한다.

Ⅱ. 문제의 제기

앞에서 서술한 바와 같이 장애가 있는 각 아동의 교육에서 사회 참가와 자립을 위하여 개인에 따른 지도를 필요로 하고 있다. 또 각 아동의 요구가 다양하기 때문에 개개인에 따른 지원을 효과적으로 진행하기 위해서는 개별지원을 계획하고 실시하여 평가하는 일련의 과정에 따라 보다 더 적절한 지원을 모색해 나가는 것이 지극히 중요하다. 더욱이 이 과정에서는 전문가나 보호자, 본인의 의견을 포함한 다양한 의견을 받아들여 아동의 교육적 요구를 정확하게 파악하고 반영해야 한다.

이러한 효과적 지원을 실현하기 위한 방책으로 일본에서는 1999년 학습지도요령(문부성, 1999)에 개별지도계획 작성을 규정하고 있다. 당시 개별화지도계획에 관해 중복장애인의 지도에 관해서는 아동의 실태를 정확하게 파악하고 개별지도계획을 작성해야 한다, 자립활동의 지도에 관해서는 아동의 장애상태나 발달단계 등의 정확한 파악에 근거하여 지도목표 및 지도내용을 명확히 하고 개별지도계획을 작성해야 한다고 하여 중복장애의 지도와 자립활동의 지도, 이 두 가지만 언급하고 있다. 또한, 2009년의 학습지도요령(문부과학성, 2009)에서는 장애상태가 중도·중복화 및 다양화되고 있는 아동의 실태에 근거하여서 그 지도를 한층 더 추진하기 위해 모든 아동에 대해 각 교과에 관한 개별지도계획을 작성해야 한다고 규정하고 있다.

학습지도요령에서 개별지도계획의 작성은 규정하고 있으나 문부과학성은 개별지도계획의 작성을 위한 구체적인 틀이나 제도에 관해서는 제시하지 않고 있으며, 특히 누가 어떻게 작성하며 어떠한 내용을 포함시킬 것인가 그리고 어떠한 양식이나 서식으로 할 것인가 등의 사항에 대해서는 명시하지 않고 각 학교의 재량에 위임하고 있다. 국가는 교육과정의 편성권과 마찬가지로 각 학교가 필요한 내용이나 순서를 정하고 자주적으로 개별지도계획을 작성하게 하는 정책을 취하고 있다. 이러한 정책은 현장에서 개별지도계획 작성에 대해 미국의 개별교육계획을 이미지화하거나 학생 개개인의 지도목표가 적혀 있는 지도안을 개별지도계획으로 인식하는 등 혼란을 일으켜 개별지도계획의 개발과 발전을 저해하는 요인이 되고 있다(白崎 , 2001). 새로운 학습지도요령에 의해 특별지원교육의 대상이 아니었던 아동에 대한 개별지도계획의 입안과 특별지원교육의 일반교육으로의 확대로 인하여 개별지도계획을 작성해야 할 교사층의 확대되었는데 이러한 현실에 따라 개개인에 따른 진정한 개별지도계획을 작성하기 위해 일반교육에서는 익숙하지 않은 개별지도계획에 대한 구체적인 설명이 필요하다.

한편, 한국에서는 1994년부터 일본의 개별지도계획에 해당하는 개별화교육계획안이 작성되고 있다. 즉, 한국의 개별화교육계획은 "각급 학교의 장은 특수교육대상자의 능력 및 특성에 적합한 개별화교육방법을 강구하여 특수교육대상자로 하여금 그의 능력을 최대한 계발하도록 하여야 한다"고 1994년 개정된 특수교육진흥법에 의해 그 작성이 규정되었다. 그리고 동법의 시행령과 시행규칙에는 작성내용, 작성자, 작성 시기, 보호자 참가 등에 대해서도 구체적으로 제시하고 있다. 또 그 대상자는 특수학교와 특수학급뿐만 아니라 처음부터 일반학급에 재적하고 있는 특수교육대상자도 포함하고 있다(특수교육진흥법 시행령 제14조). 그러나 특수교육진흥법이 현장의 요구와 최근 특수교육의 동향을 충분히 반영하지 못하고 있다(교육과학기술부, 2008) 등의 원인으로 2007년에 "장애인 등에 관한 특수교육법"이 제정되었고 개별화교육계획도 구체화되었다. 특히, 그 중에는 유럽이나 국제기관에서 이미 인증되고 있는 장애인과 보호자의 권리, 차별 금지, 통합교육 등에 관한 내용도 거의 다 포함되고 있다. 한국의 개별화교육계획 작성은 일본보다 5년 일찍 시작되었으며 1994년 개정된 한국의 특수교육진흥법에 기초한 것이고 법률 자체도 1977년에 제정되는 등 역사적으로 상당히 초기단계로부터 일찍 준비되어 온 것이라고 말할 수 있다. 한국의 개별화교육계획의 일련의 변경과정을 알아봄으로써 일본이 장애인권리조약을 비준 이후의 개별지도계획에 참고로 되는 정보를 제공할 수 있다고 본다.

지금까지 일본의 개별지도계획과 한국의 개별화교육계획에 대해서 많은 연구가 진행되어왔다. 예를 들면 일본에서는 개별지도계획의 실행력을 높이기 위한 연구(相澤・池田, 1999；姉崎, 2003；竹林地・肥後, 2003；肥後・小塩, 2003), 개별지도계획의 작성과 평가의 제도화(梁ら, 2003), 연수의 필요성(竹林地・肥後, 2003；金ら, 2004) 등의 연구가 진행되어 왔다. 또한, 한국에서는 개별화교육계획의 작성과 운영에 관한 연구(김병하, 1995; 방명애, 2005; 조인수·정계자, 2000등)와 개별화교육계획의 실시 정황에 관한 연구(김용욱·윤광보, 1998; 정동영, 1992; 김경숙, 2006) 등이 진행되어 왔다. 그러나 국제적인 비교연구는 극히 적고 대부분이 미국의 IEP와의 비교연구(伊澤, 2000；白崎, 2001; 임안수, 2002; 김윤식·김남순,

2008; 한현민, 2008)이며 동아시아의 여러 나라 간의 비교 연구는 거의 진행되지 않고 있다. 물론 유럽이나 미국과의 비교 연구도 중요하지만 특수교육의 미래에 대하여 생각해 볼 때 동아시아의 독자적인 모델에 대해서도 생각해 볼 필요가 있다고 여겨진다. 그러므로 본고에서는 한국의 개별화교육계획과 일본의 개별지도계획에 관한 비교를 통해 양국의 지도계획의 차이점을 밝히고 향후의 양국 지도계획의 방향성에 시사점을 찾고자 한다.

Ⅲ. 일본의 개별지도계획과 한국의 개별화교육계획의 이론적 비교

이 장에서는 주로 일본의 개별지도계획과 한국의 개별화교육계획작성이 규정된 역사적인 배경, 개별지도계획과 개별화교육계획작성 등에 대한 관련 규정에 대해 이론적 비교를 진행하여 그 차이점을 밝힌다. 또한 개별지도계획과 개별화교육계획 작성의 관련 규정에 관한 비교에서는 그러한 규정들이 작성된 최초부터 지금에 이르기까지의 일련의 변화를 알아봄과 동시에 일본 "장애인제도개혁추진회의"에서 의논되고 있는 내용이 어떻게 대조되는가에 대해서도 고찰한다.

1. 한일 개별화교육계획 작성의 역사적 배경 비교

1) 일본의 개별지도계획 작성의 역사적 배경

일본에서는 1999년의 학습지도요령에서 처음으로 개별지도계획 작성이 규정되었다. 개별지도계획작성이 규정된 배경에 대해서 다음과 같은 몇 가지 요인을 들수 있다.

먼저 지금까지 일본 특수학교 여러 곳의 학습지도요령에서 개인에 대한 지원이 개성의 필요에 알맞게 교육과정을 편성하여 전개하여야 한다 혹은 개별적으로 그 지도의 방법을 적절하게 규정하도록 한다 등과 같이 개인차에 따른 지도 및 개인에 따른 지도 등 그 시기마다의 교육목표와 과제에 따른 어구 등이 삽입되어 개별지도계획작성의 규정을 촉진하였다(井坂·池田, 2001). 이미 2차 세계대전 때부터 일본의 특수교육에서는 개별지도의 원리와 그 실천이 강조되어왔다(宮崎, 2001). 그리고 교육관과 가치관이 다양화된 현대사회에서 개성이나 개개인을 중시한 교육의 확립이 주장되기 시작했다. 즉, 개개인에 따른 지도는 개개인의 지원(지도)의 최적화, 장애나 발달에 적합한 지도, 주체적인 학습의 보장 등의 이유때문에 중시되기 시작한 것이다(太田, 1997).

또한, 교육현장에서도 개개인에 따른 지도의 중시가 보편화되고 개별지도(교육)계획작성에 관한 지침서나 해설서, 실천 사례가 많이 나타나기 시작했다(全日本特殊教育聯盟, 1996; 小林, 1988). 이러한 개개인에 따른 지도의 구체화가 시도되는 가운데 개인을 중시하는 지도를 실제 형태로써 학습지도요령에 규정할 필요가 있었다. 安藤(2000)는 이러한 배경에 의하여 개별지도계획작성이 규정된 것은 각각의 개성적인 아동의 존재에 의거한 지도를 보다 선명하게 하려는 의도가 포함되어 있다고 지적하고 있다.

그 다음으로 개별지도계획작성이 규정된 배경에서 크게 영향을 준 것은 미국의 IEP를 들 수 있다. 1975년 미국에서 전장애아교육법"(Education All Handicapped Children Act : PL 94-142)이 성립되었는데 장애가 있는 모든 아동에 대하여 개별화교육프로그램

(Individualized Educational Program, 이하 IEP라고함)을 작성하도록 규정되었다. 이 IEP는 논문이나 학술지 등에서 많이 소개되었고(瀨尾 , 1982 ; 岡崎 , 1989등) 이것을 기초로 일본의 특수교육행정이나 특수교육현장에서도 IEP를 활용하고자 하는 움직임이 활발해지기 시작했다(東京都教育委員会 , 1997 ; 財団法人安田生命社会事業団 , 1995). 또한, 일체식의 집단지도를 실시하는 중에서도 개별적으로 지도계획을 작성하면서 개인차에 대응하여 온 실천연구가 소개되었다. 그리고 1998년도의 학습지도요령에서는 "양호·훈련"의 명칭이 "자립활동"으로 변경되었으며 그러한 자립활동의 지도계획의 작성과 내용에서 "지도의 목표와 지도내용을 명확히 하고 개별지도계획을 작성해야 한다"고 개별지도계획작성이 명시되었다.

특수교육의 개선·충실에 관한 조사협력자회의 제2차보고(문부성, 1997)에 의하면 개별지도계획작성이 규정된 배경에는 양호학교에 재적하고 있는 특수아동의 장애상태의 중도·중복화 및 다양화에 있다고 지적하였다. 그 보고서에 의하면 일본의 맹·농·양호학교의 초등부와 중학부의 중복장애학급의 재적학생(在籍學生) 비율은 1988년도의 38%에서 1995년도에는 44.1%로 증가되었고 특히, 지체부자유 양호학교에서는 59.7%에서 71.2%로 급격히 증가되었다. 자립활동을 위주로 하는 교육과정의 학생 수의 증가는 각 아동의 실태, 교육적 요구에 따라 작성된 개별지도계획에 근거하여 극히 다양한 지도의 전개를 요구하였다(筑波大学附属桐が丘養護学校 , 1990). 이런 가운데서 각각 아동의 능력과 가능성을 최대한 계발하고 사회적인 자립을 가능한 실현하기 위하여 그 장애정도에 따라 지도내용을 개별화시킬 수 있는 방법을 구명할 필요가 있었다. 이러한 여러가지 요인이 상호 영향을 준 결과 개별지도계획작성이 필요하게 되었다고 볼 수 있다.

2) 한국의 개별화교육계획 작성의 배경

한국에서는 1994년부터 개정된 특수교육진흥법에서 개별화교육계획작성을 규정하고 있다. 그 역사적 배경에 관해서는 다음과 같은 요인을 들 수 있다. 개별화교육이란 용어는 한국의 헌법 제31조(교육을 받을 권리·의무) 제1항에 규정되어 있는 "모든 국민은 능력에 따라 균등하게 교육을 받을 권리를 가진다"라는 내용과 직접적인 관련이 있다(국립특수교육원, 1999). 장애가 있는 아동도 대한민국의 국민이고 당연히 균등한 교육을 받을 권리가 있으며 장애를 갖고 있는 아동은 능력의 다양성을 갖고 있으므로 개개인의 능력에 적절한 교육을 제공할 때 평등(균등)한 교육이 실시되었다고 말할 수 있다. 즉, 능력에 따른 교육이란 능력에 적합한 교육이라고 말할 수 있다. 1994년에 전면 개정된 한국의 특수교육진흥법은 특수교육을 필요로 하는 자에 대한 적절하고 평등한 교육기회의 제공을 목적으로 하고 있으며 "각 급 학교의 장은 특수교육대상자의 능력 및 특성에 적합한 개별화교육방법을 강구하여 특수교육대상자로 하여금 그의 능력을 최대한 계발하도록 하여야 한다"고 개별화교육계획의 작성을 규정하고 있다.

또한 2007년에 제정된 한국의 "장애인 등에 관한 특수교육법"은 장애인 및 특별한 교육적요구가 있는 사람에게 개인의 특성에 적합한 교육을 실시하는 것을 목적으로 하고 있으며 "개별화교육계획이란 각급학교의 장이 특수교육대상자 개인의 능력을 계발하기 위하여 장애유형 및 장애특성에 적합한 교육목표, 교육방법, 교육내용, 특수교육관련서비스 등이 포함된 계획을 수립하여 실시하는 교육"으로 규정되고 있다.

이상과 같이 한국의 특수교육에 관한 법령에서는 능력에 따른 교육이라는 표현이 적절하고 평등한 교육, 개인의 특성에 적합한 교육으로 변화되었다. 그리고 현재는 개인의 특성에 적합한 교육을 충실하기 위해 장애를 갖고 있는 모든 아동에 대하여 개별화교육계획을 작성할 것을 규정하고 있다.

한국의 개별화교육계획의 작성이 의무화된 또 하나의 배경으로 일본과 마찬가지로 미국의 IEP를 들 수 있다. 한국의 국립특수교육원(1999)에서는 한국의 1994년 특수교육진흥법의 전면 개정에 새로 도입된 개별화교육계획은 미국의 "장애인교육법"의 IEP를 모델로 한 것이라고 지적하고 있다. 개별화교육계획작성이 규정되기 이전부터 한국에서는 미국의 IEP가 폭넓게 소개되었고 교육부의 교육과정 운영자료, 개인학자의 저술, 각종 학술세미나 등을 통해 한국의 특수교육 현장에서 이미 넓게 인식되어 있었다(한현민, 2008). 이상과 같이 일본의 개별지도계획과 한국의 개별화교육계획의 역사적 배경에는 개개인의 능력에 따른 교육과 미국의 IEP의 영향을 받았다는 공통점이 있으며 일본에서는 그것에 추가하여 1979년 양호학교 의무제 실시 이후의 장애의 중도·중복화, 다양화가 한국과의 차이점이라 할 수 있다.

2. 한일 간 개별화교육계획 작성 관련 규정의 비교

일본의 법적체계를 보면 헌법, 법, 정령(시행령), 성령(시행규칙)과 같은 법령과 국가행정조직법 제14조 제2항에 근거하여 각성 등에서 발하는 통달(통지)가 있다. 특별지원교육에 관한 법령에는 헌법, 교육기본법, 장애인기본법, 학교교육법, 학교교육법 시행령, 학교교육법 실시규칙, 장애인기본계획, 교육진흥기본계획, 중점실책 5개년계획 등이 있다. 또한, 특별지원교육에 관한 통지에는 일본 문부과학성 초등중등교육국장통지 "특별지원교육의 추진에 대한 (통지) 2007년 4월 1일부 19문부과학성 초등교육부 제125호", 문부과학사무차관통지 "학교교육법 등 일부를 개정하는 법률의 시행에 따른 관계정령 등 정비에 대하여 (통지) 2007년 3월30일부 18 문부과학성 초등교육부 제1290호", 문부과학성 사무차관통지 "특별지원교육의 추진을 위한 학교교육법 등의 일부개정에 대하여(통지) 2006년3월 18일부 18문부과학성 초등교육부 제446호" 등이 있다. 그리고 특별지원교육에 관한 법령과 통지 중에서 개별지도계획과 개별교육지원계획에 관하여 다음과 같이 언급하고 있다.

"특별지원교육의 추진에 관해(통지)"에서 개별지도계획에 대하여 특별지원학교에서 아동의 장애의 중도·중복화, 다양화 등에 대응하여 교육을 한층 더 추진시키기 위하여 개별지도계획을 활용한 지도를 보다 더 충실히 해야 한다. 그리고 초등학교 등에서 필요에 따라 개별지도계획을 작성하여 개개인에 따른 교육을 추진시켜야 한다고 언급하고 있다. 개별교육지원교육에 관해서는 특별지원학교에서는 장기적 시점에서 영유아기부터 학교졸업 때까지 일관한 교육적 지원을 진행하기 위하여 의료, 복지, 노동 등 여러 측면의 대책을 포함한 개별교육지원계획을 활용한 효과적인 지원을 진행해야 한다.

또 초·중학부 등에서는 필요에 따라 개별교육지원계획을 책정하는 등 관계기관과 연계를 강화한 효과적인 지원을 진행해야 한다고 서술되어 있다. 교육진흥기본계획(2008)에서는 개별지도계획에 관하여 유치원부터 고등학교까지 발달장애를 포함한 장애가 있는 아동의 교육적 요구를 파악하고 적절한 지원을 실시하기 위해 특히 특별지원교육지원인의 배치를 촉진함과 동시에 초·중학부에 재적하고 있는 장애가 있는 아동에 대하여 개별지도계획을 작성하도록 촉진하는 등 체제정비를 추진한다. 발달장애를 포함한 장애가 있는 아동의 개개인의 교육적 요구를 파악하고 적절한 지원을 행하기 위해 초·중학교에 재적하고 있는 장애아동에 대하여 개별지도계획을 작성하도록 촉진한다고 서술되어 있다.

장애인기본계획(2002)에서는 개별교육지원계획에 관하여 장애가 있는 아동의 발달단계에 근거하여 관계기관이 적절한 역할분담 하에 개개인의 요구에 대응하여 적절한 지원을 진행하는 계획(개별지원계획)을 책정하여 효과적으로 지원을 진행한다. 영유아기의 가정역할 중요성에 근거한 조기대응, 학교졸업 후의 자립과 사회참가를 위한 적절한 지원의 필요성에 비추어 지금까지 진행해 온 교육·요육실책을 활용함과 동시에 장애가 있는 아동과 보호자에 대한 영유아기부터 학교졸업 때까지 일관된 효과적 상담지원체제의 구축을 계획한다고 서술되어 있다. 그리고 중점시책실시 5개년계획(2007)에서는 개별지원교육계획에 대하여 교육, 복지, 의료, 보건, 노동관계기관 등이 긴밀히 연결하고 개개인의 요구에 따른 적절한 지원을 일관되게 진행하기 위하여 학교에서 개별교육지원계획의 규정을 명확히 하고 그 책정 및 활용의 추진을 도모한다고 서술되어 있다.

개별교육지원계획은 장애가 있는 아동과 관련 있는 여러 관계자(교육, 의료, 복지 등 관계기관의 관계자, 보호자 등)가 아동의 장애상태 등에 관한 정보를 공유하고 교육적 지원의 목표와 내용, 관계자의 역할부담 등에 대하여 계획을 책정한다(문부과학성, 2004). 또한 개별지도계획은 아동의 장애상태 등에 따른 세심한 지도가 진행될 수 있도록 학교 교육과정이나 지도계획, 해당아동의 개별교육지원계획 등에 근거하여 교육적 요구에 의한 구체적인 지도목표나 지도내용 및 방법 등을 포함하고 있다. 현재 국제연합의 장애인권리조약에 비준하기 위해서는 필요한 사람에 대한 개별교육지원계획, 개별지도계획의 작성 및 활용(실태파악, 전문성과 노하우에 관한 초·중학교에 대한 지원, 센터 기능의 활용, PDCA사이클의 경영관리기법 확립 등)과 개별교육지원계획과 유사한 계획과의 관계정리(평생에 일관한 지원의 관점) 등이 필요하다. 앞으로 국제연합의 장애인권리조약에 비준할 경우 개별지도계획에 관하여 정부전체의 장애인제도개혁의 상황에 근거하여 더 한층 검토할 필요가 있다.

한편 한국의 법체계는 헌법, 법, 시행령, 시행규칙으로 구성되어 있다. 한국의 특수교육에 관한 법령에는 헌법, 교육기본법, 유아교육법 시행령, 초·중등교육법, 초·중등교육법 시행령, 장애인 등에 관한 특수교육법, 기타 시행령과 시행규칙, 특수학교 시설설비기준법, 특수교육 담당교사 및 교육전문직원 인사관리 기준법, 장애인차별금지법, 관리구제법 등이 있다. 특히 장애인 등에 관한 특수교육법, 시행령과 시행규칙에는 특수교육의 정의, 교육의 기본적인 실시요강이 규정되어 있어 한국의 특수교육에 관한 주요한 법률이라고 할 수 있다. 개별화교육계획에 관한 내용은 주로 장애인 등에 관한 특수교육법에서 언급하고 있다.

1) 일본 "학습지도요령"의 개별지도계획 규정

학습지도요령(문부과학성, 2009) 제1장, 제2절, 제4의1, (5)에서는 "각 교과 등의 지도에 관하여 아동의 실태를 정확하게 파악하고 개별지도계획을 작성해야 한다. 또 개별지도계획에 따라 진행된 학습 상황과 결과를 적절하게 평가하고 지도 개선에 노력해야 한다"고 규정되어 있다. 그리고 학습지도요령 제1장, 제2절, 제4의2, (1)에서는 "학교의 교육활동 전체에서 각 개인에 따른 지도를 충실하기 위하여 개별지도계획에 근거한 지도방법과 지도체제의 연구개선에 노력하며, 아동의 장애상태와 학습진도 등을 고려하여 개별지도를 중시함과 동시에 수업형태나 집단구성의 연구, 각 교사의 전문성을 활용한 협력적 지도 등에 따라 학습활동이 효과적으로 진행되게 해야 한다"고 규정되어 있다. 1999년의 개정에서는 자립활동이나 중복장애인의 지도에 한해 개별지도계획을 작성할 것을 규정하고 있으나 2009년의 학습지도요령에는 개별지도계획이 활용되어 온 지금까지의 실적에 근거함과 동시에 장애상태가 중도·중복화, 다양화되고 있는 아동의 실태에 따라 지도를 한층 더 추진하기 위해 각 교과 등에 관하여 개별지도계획을 작성하도록 되어 있다. 또 제7장, 제3의1에서는 자립활동의 지도에서 개개인의 장애상태나 발달단계 등에 대한 정확한 파악에 근거하여 지도목표 및 지도내용을 명확히 하고 개별지도계획을 작성해야 한다. 그럴 경우, 제2에 제시한 내용 중에서 각자에 필요한 항목을 선정하고 상호 관련시켜 구체적으로 지도내용을 설정해야 한다고 규정하고 있다. 제2의 배려사항은 다음과 같다.

가. 각 아동에 대하여 장애상태, 발달과 경험의 정도, 흥미와 관심, 생활과 학습환경 등 실태를 정확하게 파악해야 한다.
나. 실태파악에 근거하여 장기적 및 단기적 관점에서 지도 목표를 설정하고 그것을 달성하기 위하여 필요한 지도내용을 단계적으로 채택해야 한다.
다. 구체적으로 지도내용을 설정할 경우에는 다음과 같은 점을 고려해야 한다.
①아동이 흥미를 가지고 주체적으로 참가하고 성취감을 느낌과 동시에 자기 자신을 긍정적으로 인식할 수 있도록 지도내용을 결정해야 한다.
②아동이 장애에 따른 학습이나 생활의 어려움을 개선 및 극복하려는 의욕을 높일 수 있는 지도내용을 중점적으로 취급해야 한다.
③각 아동이 발달하고 있는 측면을 더욱 키워줌으로써 발달이 늦은

부분을 보충할 수 있는 지도내용도 도입해야 한다.

④각 아동이 활동의 편리함을 위하여 스스로 환경을 조절하고 필요에 따라 주위 사람들에게 지원을 요청할 수 있는 지도내용도 계획적으로 도입해야 한다.

⑤아동의 학습상황과 결과를 적절하게 평가하고 이를 개별지도계획이나 구체적인 지도의 개선에 활용할 수 있도록 노력해야 한다.

이전에는 자립활동 지도에서 개별지도계획을 작성하도록 되어 있었고 구체적 지도내용을 설정할 경우의 배려사항이 제시되어 있었다. 그러나 2009년의 개정에서는 국제연합의 장애인권리조약의 채택 등에서의 장애인에 대한 인식변화와 국제기능장애건강분류(International Classification of Functioning, Disability and Health; ICF) 등의 영향을 받아 지도계획의 작성내용의 취급에서도 그 개정이 진행되고 있다. 그 구체적인 내용은 살펴보면, 개별지도계획 작성에 대한 이해를 더 한층 촉진하기 위하여 아동의 실태파악, 지도목표(목적)의 설정, 구체적인 지도내용의 설정, 평가 등에 대하여 각각의 배려사항을 제시하고 있다. 그리고 자립활동의 지도실천에 근거한 평가를 진행하고 그 평가를 지도개선의 활용하도록 명확히 하기 위하여 아동의 학습상황과 결과를 적절하게 평가하고 이를 개별지도계획과 구체적인 지도개선에 활용하기 위해 노력해야 한다는 내용이 새롭게 추가되었다. 그리고 구체적인 지도내용을 설정할 경우의 배려사항으로 아동의 주체적인 활동을 한층 더 추진함과 동시에 아동 자신이 활동하기 편리하도록 환경을 조절함이 중요하다는 인식 하에 각 아동이 활동의 편리함을 위하여 스스로 환경을 조절하고 필요에 따라 주위의 사람들에게 지원을 요청할 수 있는 지도내용도 계획적으로 도입해야 한다는 내용도 새롭게 추가되었다.

2) 한국 "장애인 등에 관한 특수교육법"의 개별화교육계획 규정

장애인 등에 관한 특수교육법(교육과학기술부, 2008) 제2조의 제7에서는 "개별화교육계획이란 각 급 학교의 장이 특수교육대상자 개인의 능력을 개발하기 위하여 장애유형 및 장애특성에 적합한 교육목표, 교육방법, 교육내용, 특수교육 관련서비스 등이 포함된 계획을 수립하여 실시하는 교육을 말한다"고 명시되어 있다. 또 특수교육 관련서비스란 특수교육대상자의 교육을 효율적으로 실시하기 위하여 필요한 인적 및 물적 자원을 제공하는 서비스로서 상담지원, 가족지원, 치료지원, 보조인력지원, 보조공학기기지원, 학습보조기지원, 통학지원 및 정보접근지원 등을 가리킨다.

구체적인 항목으로는 동법 제22조에는 각급 학교의 장은 특수교육대상자의 교육적 요구에 적합한 교육을 제공하기 위하여 보호자, 특수교육교사, 일반교육교사, 진로 및 직업교육 담당 교사, 특수교육 관련서비스 담당 인력 등으로 개별화교육지원팀을 구성한다고 지원팀에 통합학급 교사의 참여를 명시하고 있다. 한국의 가정내 교육은 시험전쟁이라고 불리우고 있음에도 불구하고 한국의 공교육에서는 장애인 등에 관한 특수교육법 제2조에서 통합교육의 개념도 정의하고 있고 통합교육을 추진하고 있다.

한편, 한국의 장애인 등에 대한 특수교육법의 시행규칙 제5조에서는 개별화교육계획을 작성할 경우 해당 특수교육대상자 또는 그의 보호자에게 의견진술의 기회를 주고 작성된 개별화교육계획을 열람하게 하여야 한다고 규정하고 있다. 그리고 제 16조에서는 ①교육장 또는 교육감은 특수교육지원센터에서 최종 의견을 통지받은 때부터 2주일 이내에 특수교육대상자로의 선정 여부 및 제공할 교육지원 내용을 결정하여 부모 등 보호자에게 서면으로 통지하여야 한다. ②진단·평가의 과정에서 보호자의 의견 진술의 기회가 충분히 보장되어야 한다. 또한, 제38조의 벌칙에서는 개별화교육지원팀에의 보호자 참여에 있어서 차별한 자에 대해 300만원 이하의 벌금을 처한다고 규정되어있다. 이상의 항목을 살펴보면, 교육에서 장애를 이유로 하는 차별의 금지와 벌칙규정이 제정되어 있으며 보호자의 권리도 법률적으로 보장되어 있다는 것을 알 수 있다.

동법 제 22조에서는 특수교육대상자가 다른 학교로 전학할 경우 또는 상급학교로 진학할 경우에는 전출학교는 전입학교에 개별화교육계획을 14일 이내에 송부하여야 한다고 규정되어 있다. 동법 제36조에는 특수교육대상자 또는 그 보호자는 취학전 학교 등에 대해 이의가 있을 경우에는 시·군·구의 특수교육운영위원회에 심시청구를 할 수 있다. 그리고 동법 시행령 제 11조에는 교육장 또는 교육감은 특수교육대상자를 학교에 배치할 때에는 해당 장과 특수교육대상자에게 각각 문서로 알려야 한다고 규정하고 있다. 또한, 제36조에는 ①특수교육대상자 또는 그 보호자는 교육장, 교육감 또는 각 급 학교의 장의 조치에 대하여 이의가 있을 때에는 해당 시·군·구 특수교육운영위원회 또는 시·도 특수교육운영위원회에 심시청구를 할 수 있다. ②심사결정에 이의가 있는 특수교육대상자 또는 그 보호자는 통보를 받은 날부터 90일 이내에 행정심판을 제기할 수 있다고 규정하고 있다.

한국에서는 취학학교나 취학학급에서 필요한 합리적인 배려 및 지원의 내용을 결정할 경우 본인이나 보호자, 학교, 학교설립자 삼자의 합의를 거쳐야 한다는 의무가 있고 합의가 이루어지지 않을 경우에는 전문가 및 장애인 당사자들로 구성된 제3의 기관에 의한 조절을 요청할 수 있는 구조가 이미 법률적으로 규정되어 있고 개별화교육계획에 반영되어 있다. 그리고 개별화교육계획과 관련이 있다고 해석할 수 있는 항목들은 다음과 같다.

제2장의 제9조(특수교육대상자의 권리와 의무)에서는 국가 및 지방단체는 제15조 제1항 각 호의 장애를 가지고 있는 자를 알게 되거나 제15조에 따라 특수교육대상자를 선정한 경우에는 2주일 이내에 보호자에게 해당 사실과 의무교육 또는 무상교육을 받을 권리 및 보호자의 권리·책임 등을 통보하여야 한다고 규정하고 있다. 제14조(장애의 조기발견 등)에서는 보호자 또는 각 급 학교의 장은 제15조 제1항 각호에 따른 장애를 가지고 있거나 장애를 가지고 있다고 의심되는 영유아 및 학생을 발견한 때에는 교육장 또는 교육감에게 진단·평가를 의뢰하여야 한다. 다만 각급학교의 장이 진단·평가를 의뢰한 경우에는 보호자의 사전 동의를 받아야 한다고 규정하고 있다.

3) 한일간의 관련규정 차이점

일본의 개별지도계획은 학습지도요령에서 그 작성이 명시되었지만 작성에 관해서는 각 학교의 재량에 위임되어 있고 법률상에서는 규정되어 있지 않다. 한국의 개별화교육계획은 그 작성에 대하여 장애인 등에 관한 특수교육법(2007)과 동법 시행령, 시행규칙에서 규정하고 있다. 표 3-1은 한국의 개정된 특수교육진흥법(1994)과 장애인 등에 관한 특수교육법(2007)의 개별화교육계획과 일본의 학습지도요령(1999, 2009)과의 개별지도계획의 내용을 ①대상자 ②구성요소 ③작성자 ④결과의 보고 설명책임 ⑤작성기한 ⑥보호자 참가 ⑦벌칙사항 등 항목에 관해 비교한 것이다.

(1) 대상자에 대하여

한국에서는 1994년부터 각 급 학교의 장은 특수교육대상자의 능력 및 특성에 적합한 개별화 교육방법을 강구하여 특수교육대상자로 하여금 그의 능력을 최대한 계발하도록 하여야 한다(교육인적자원부, 1994)라고 규정하여 모든 특수교육대상자에 한 개별화교육계획을 작성하도록 되어 있다. 일본에서는 1999년의 학습지도요령에서 중복장애와 자립활동때에만 개별지도계획을 작성하도록 규정하고 있었으나 2009년부터는 모든 장애아동에 대하여 개별지도계획을 작성하도록 규정하고 있다.

(2) 지도계획의 내용에 대하여

한국의 개정된 특수교육진흥법(1994) 및 장애인 등에 관한 특수교육법(2007)의 개별화교육계획과 일본의 학습지도요령(1999, 2009)의 개별지도계획의 구성요소는 모두 실태파악, 지도목표, 지도내용, 평가 등이 동일한 내용으로 되어있다. 그러나 한국의 개정된 특수교육진흥법중의 한 가지 항목이었던 그 외에 위원회가 결정하는 사항 등은 2007년 한국의 장애인 등에 대한 특수교육법에서는 관련서비스의 내용과 방법 등의 항목이 추가되었다.

이미 언급한 바와 같이 특수교육 관련서비스란 특수교육대상자의 교육을 효율적으로 실시하기 위하여 필요한 인적·물적 자원을 제공하는 서비스이고 특수교육대상자와 그 보호자에 대한 필요하고 합리적인 배려로서의 지원을 말한다. 관련서비스의 내용과 방법 등을 추가함으로써 보다 다양하고 장애특성에 맞는 복지서비스를 제공할 수 있는 근거를 마련했다고 볼 수 있다. 또한, 특수교육대상자의 현행의 학습수준이라는 종래의 표현을 특별한 교육적 지원을 필요로 하는 영역에 대하여라는 보다 구체화된 표현으로 개선시켜 현실적 개별화교육계획의 작성이 가능하게 되었다.

〈표 3-1〉 한국 개별화교육계획과 일본 개별지도계획의 비교

<table>
<tr><th rowspan="2">항목</th><th colspan="2">한국</th><th colspan="2">일본</th></tr>
<tr><th>특수교육진흥법 (1994)</th><th>장애인 등에 대한 특수교육법(2007)</th><th>학습지도요령 (1999)</th><th>학습지도요령 (2009)</th></tr>
<tr><td>대상자</td><td>모든 특수교육대상자</td><td>모든 특수교육대상자</td><td>중복장애, 자립활동시</td><td>모든 장애아</td></tr>
<tr><td>내용 항목</td><td>프로필, 현재학습수준, 장단기교육목표, 교육개시와 종료시기, 교수방법, 평가계획, 그 외 위원회가 정할 사항</td><td>프로필, 현재학습수준, 교육목표, 교육방법, 평가계획, 관련서비스의 내용과 방법 등</td><td>실태파악, 지도목표, 지도내용</td><td>교사간의 협력, 필요에 따라 외부 전문가나 보호자 등과의 연계를 도모해 감(해설)</td></tr>
<tr><td>작성자</td><td>5인 이상 10인 이하(위원장 「학교장」 포함)로 구성, 위원회구성 및 운영 등에 관해 필요한 사항은 해당 학교의 학칙으로 정함</td><td>보호자, 특수교육교원, 일반교육교원, 진로·직업교육담당교원, 관련서비스 종사자 등</td><td>교사의 협력, 전문의와의 연계(해설)</td><td>교가간의 협력, 필요에 따라 외부 전문가나 보호자 등과의 연계를 도모해 감(해설)</td></tr>
<tr><td>결과 보고 설명</td><td>규정없음</td><td>학기별로 학업도달도 평가를 실시하고 결과를 특수교육대상자 또는 대상자의 보호자에게 보고</td><td>규정없음</td><td>학습상황이나 결과의 평가에 대해 설명(해설)</td></tr>
<tr><td>작성 시기</td><td>매학년이 시작되기 전(학기 중 배치된 경우는 그날부터 30일 이내)</td><td>교육배치 결정후 작성(매학기가 시작된 날부터 30일 이내)전학시 송부</td><td>규정없음</td><td>규정없음</td></tr>
<tr><td>보호자 참가</td><td>의견진술의 기회를 줌</td><td>개별화교육지원팀의 일원</td><td>보호자와의 연계에 충분히 배려할 필요가 있음(해설)</td><td>보호자 의견 청취(해설)</td></tr>
<tr><td>벌칙 사항</td><td>장애를 이유로 입학 거부한 경우 학교장에게 벌금 부과함</td><td>장애를 이유로 입학 거부한 경우, 학교장에게 벌금 보호자를 개별화교육지원팀에서 배제한 경우에 벌금을 부과함</td><td>규정없음</td><td>규정없음</td></tr>
</table>

(3) 지도계획의 작성자에 대하여

한국의 개정된 특수교육진흥법(1994)에서는 "학교의 장을 위원장으로 하고 위원장1명을 포함한 5인 이상 10인 이하의 위원으로 개별화교육위원회를 구성하며 위원회의 구성 및 운영 등에 관한 필요한 사항은 해당학교의 규칙으로 정한다"고 서술되어 있었지만 장애인 등에 대한 특수교육법에서는 "매학기 시작일로부터 2주 이내에 보호자, 특수교육교사, 일반교육교사, 진로 및 직업교육 담당교사, 특수교육 관련서비스 담당인력 등으로 개별화교육계획지원팀을 구성한다"고 규정되었다.

한국의 개정된 특수교육진흥법(1994)에서는 개별화교육위원회의 구성과 운영위원회를 해당 학교측에 위임하도록 규정되어 있을 뿐 그 권한과 책임이 명확하게 규정되어 있지 않았다. 그렇지만 한국의 장애인 등에 대한 특수교육법(2007)에서는 개별화교육계획 지원팀을 특수교육대상자의 보호자, 특수교육교사 등으로 구성하도록 규정되어 있고 그 지원팀의 구성기한에 대해서도 엄격하게 언급하고 있다. 이를 통해 장애아동 개개인의 다양한 교육적 요구를 다양한 인력이 협력하여 논의하는 기구인 "개별화교육지원팀"을 통해 종합적으로 계획하도록 할 수 있게 되었다. 나아가서 이 개별화교육위원회에는 해당 특수교육대상자의 보호자가 그 어떤 원인으로 팀원으로 참가할 수 없을 경우 보호자 대표가 대리로 참가할 수 있게 되어 있다.

한편, 일본의 개별지도계획(1999, 2009)작성에는 현실적으로 주로 담임교사가 작성하도록 되어 있을 뿐 학습지도요령에는 작성자에 대해 언급하지 않고 있으며 학습지도요령의 해설(2009)에서 "교사간의 협력 하에 적절한 방법을 활용하여 추진함과 동시에 다면적 판단을 할 수 있도록 필요에 응하여 외부의 전문가나 보호자 등과의 연계를 도모하는 것도 고려할 필요가 있다"고 기술되어 기타 기관과의 연계는 개별교육지원계획에서 진행하도록 되어 있다. 작성의 주체는 어디까지나 교사이며 따라서 개별지도계획에 관한 책임은 교사에게 있다(安藤, 2001)고 할 수 있다. 일본은 앞으로 작성자들에 대해서 명확히 지정하고 보호자의 참가방법 등에 대해서도 적극적으로 고려할 필요가 있다.

(4) 지도계획의 결과보고 및 설명에 대하여

한국의 개별화교육계획의 실시보고에 대하여 개정된 특수교육진흥법(1994)에서는 규정되어 있지 않았으나 장애인 등에 대한 특수교육법(2007)에서는 각 급 학교의 장은 매학기마다 개별화교육계획에 따른 각각의 특수교육대상자의 학업성취도 평가를 실시하고 그 결과를 특수교육 대상자 또는 보호자에게 통보하여야 한다고 규정하고 있다.

일본의 학습지도요령(1999, 2009)에서는 개별지도계획의 실시결과의 보고에 대하여 특별히 규정되어있지 않았지만 경영관리기법인 PDCA사이클 중의 도구로써 사용되고 있음을 제시하고 있다. 그리고 학습지도요령의 해설에서는 “보호자에게 학습상황과 결과의 평가에 대해서 설명한다”고 서술되어 있다. 개별지도계획을 작성한다는 것은 보호자에 대한 책무성의 필요이고(安藤, 2001), 이것은 보호자의 권리보장에도 긴밀히 관련된다고 볼 수 있다.

(5) 지도계획의 작성기한과 보호자참가에 대하여

한국의 개정된 특수교육진흥법(1994)에서는 개별화교육을 새 학기가 시작되기 전에 작성해야 했으나 장애인 등에 대한 특수교육법(2007)에서는 “매학기 시작일로부터 30일 이내에 개별화교육계획을 작성해야 한다”고 규정하고 있다. 그동안 대상아동의 상황을 파악하기도 전에 매 학년이 시작되기 전까지 개별화교육계획을 작성하도록 하여 구체적인 현실성이 부족했지만 현재는 실질적으로 가능한 상황으로 개정되었다고 볼 수 있다. 또한 보호자 참가에 대하여 한국의 개정된 특수교육진흥법(1994)에서는 보호자에게 의견 진술의 기회를 제공하고 선정과 학교지정에 대하여 특수교육심사위원회에 재심사를 청구할 권리가 있다고 규정하고 있었으나 장애인 등에 관한 특수교육법(2007)에서는 보호자가 개별화교육지원팀에 참가하고 매 학기별 학업성취도 평가 실시결과를 보고 받는다. 그리고 진단·평가과정에서 보호자에게 충분한 의견 진술의 기회를 보장해야 한다고 규정되어 있다. 이와 같이 보호자에게는 개별화교육계획 작성에 참가해야 할 의무가 있고 또 보호자의 개별화교육계획에 참가의 권리도 보장되어 있다.

한편, 일본의 학습지도요령에서는 개별지도계획에 대해 보호자의 권리를 규정한 부분은 없지만 가정과의 연계를 취할 것을 요구하고 있다. 일본의 학교교육법 시행령 제18조의2에서는 장애아동의 입학학교를 결정할 경우 보호자의 의견을 청구하도록 규정되어 있으며 취학 시의 보호자 의견에 대해서도 언급하고 있다. 그러나 개별지도계획의 작성, 실시 및 평가과정에서 보호자의 권리 대신에 학습지도요령의 해설에서는 보호자와의 연계에 충분히 배려할 필요가 있다, 보호자로부터 의견을 청취한다고 언급하고 있다.

3. 종합 고찰

이상과 같이 일본의 개별지도계획과 한국의 개별화교육계획작성이 규정된 역사적 배경과 관련 규정을 비교하고 그 차이점에 대하여 알아보았다. 일본의 개별지도계획과 한국의 개별지도계획의 작성이 규정된 역사적 배경에는 양국이 모두 개인의 능력에 따른 교육과 미국의 IEP의 영향을 받았다는 공통점과 일본은 거기에 더하여 장애의 중도·중복화, 다양화가 차이점으로 나타났다. 그 차이점의 원인으로 한국에서는 중도·중복장애아 중 약 40%가 병원이나 시설 및 가정에 있었다고 추정(교육부, 1998)되고 전체아동의 취학 추진과 함께 특수학교의 학습자들의 중도 및 중복화가 더욱 심화되었다는 점을 들 수 있다(大杉 , 2004). 그리고 일본은 1979년의 양호학교 의무제 실시 이후 중도·중복장애아의 교육에 중점을 두었지만 한국은 학습장애 등 경도장애아 교육에 역점을 두어왔다는 점을 들 수 있다.

한국과 일본 양국의 지도계획작성에 대한 관련 규정을 보면 한국의 개별화교육계획은 1994년의 개정된 한국의 특수교육진흥법에서 그 작성이 규정되었고 처음부터 동법의 시행령, 시행규칙에서 개별화교육계획작성의 대상, 작성항목의 내용, 작성자, 작성시기, 보호자의 참가 등에 대해 제시하고 있었다. 2007년에는 한국의 장애인 등에 대한 특수교육법이 제정되어 개별화교육계획의 실질적 운영을 위한 개념도 명확히 규정함과 동시에 개별화교육계획의 결과보고, 관련 서비스의 제공 등의 항목이 내용으로 추가되었고 보호자의 권리도 1994년 개정된 특수교육진흥법보다 강화되었다. 한국의 개별화교육계획 작성에 관한 규정은 시대 변화와 더불어 내용도 충실하게 되고 있다고 볼 수 있다. 나아가서 개별화교육계획 작성에 대한 관련 규정의 구체적 내용을 살펴보면 유럽이나 국제기관에서 이미 인지되어 있는 장애인과 보호자의 권리, 차별 금지, 통합교육 등의 내용이 거의 다 포함되어 있고 일본의 "장애인제도개혁추진을 위한 기본 방향"에서 검토되고 있는 내용을 초월하는 내용도 포함되어 있다.

한편, 일본의 개별지도계획의 작성에 대한 관련 규정은 그 작성이 의무화된 1994년의 학습지도요령에서 중복장애의 지도와 자립활동의 지도에 한하여 개별화교육계획작성을 언급하고 있다. 그리고 그 내용이나 작성의 책임자에 대해서는 학교 재량으로 위임되어 있다. 2009년의 학습지도요령에서는 “모든 장애아동에 대해 각 교과 등에 관한 개별지도계획을 작성해야 한다”고 규정하고 있으나 작성에 관한 구체적인 내용에 관해서는 언급하지 않고 있다. 1994년의 학습지도요령의 내용과 비교해 보면 대상 범주의 확대는 되어 있지만 질적인 변화는 거의 없다고 볼 수 있다. 이와 같이 일본의 개별지도계획은 한국의 개별화교육계획과 역사적인 배경에서 공통점이 있지만 제도화된 것은 일본이 한국보다 5년이나 늦었다. 또한, 그 작성이 의무화되면서 지금까지 10년 동안 대상 장애범주와 대상 교과는 확대되었지만 개별지도계획에 대한 관련 규정의 질적인 내용은 거의 변화가 없다고 할 수 있다.

Ⅳ. 개별화교육 계획 작성의 한일교사 인식 특성

1. 들어가며

전술한 바와 같이 한국의 개별화교육계획은 일본의 개별지도교육보다 5년 일찍 제도화되었고 작성에 대한 관련 규정 등도 일본의 개별지도계획에 대한 관련 규정보다 훨씬 충실하다. 한국의 개별화교육계획이 법률적으로 기재되어 있는 내용을 보면 제도적으로 일본보다 훨씬 진보적이지만 현실적으로는 어떠한 정황으로 되어 있는지 검증할 필요가 있다.

한국에서는 개별화교육계획이 수업을 위하여 작성하기보다 법률적 혹은 행정적 측면에 대응하기 위하여 작성되고 있고(이미선, 1999; 이유훈, 1998), 개별화교육계획작성에 대한 지원체제가 정비되지는 못하였다(한현민, 2008). 즉, 제도와 현실 사이의 괴리가 있다(윤광보, 2008; 정주영, 2009). 박선미과 한현민(2008)은 상기와 같은 괴리를 초래하게 된 것은 개별화교육계획작성에 대한 교사의 이해가 부족하기 때문이라고 지적하고 있다.

한편, 일본에서도 개별지도계획작성은 교육현장의 부담을 초래하고 형식적인 것이며(安藤, 2001; 香川, 2002) 개별지도계획작성에만 관심이 몰려 개별지도의 작성에는 많은 시간과 노력을 필요하지만 실천적인 것이 아니다(皆川, 2000; 小倉, 2003)는 점에서는 한국의 개별화교육계획에서 나타나고 있는 문제점과 유사한 문제점들을 가지고 있다. 安藤(2000)는 교사가 개별지도계획을 중심적인 직무로 인식하지 않을 경우 많은 부담감을 느끼거나 형식적 개별지도계획을 작성하게 된다고 지적하고 있다.

이상과 같은 내용을 검토해 볼 때, 한국과 일본 양국의 교사가 개별화교육계획(한국의 개별화교육계획과 일본의 개별지도계획을 공통으로 기술할 경우, 개별화교육계획으로 기술한다) 작성에 관해 정확하게 이해하지 못하고 있다고 여겨진다. 개별화교육계획의 작성을 정확하게 이해하는 것은 개별화교육계획의 실천을 추진하기 위한 출발점(姉崎, 2003)이라는 점에서 개별화교육계획을 효과적으로 실시하기 위해서는 먼저 각 교사가 개별화교육계획작성을 어떻게 이해하고 어떻게 실천하는가 등의 인식을 명확히 파악할 필요가 있다.

일본은 2005년 12월 “특별지원교육을 추진하기 위한 제도의 방향성에 대하여(답신)”(중앙교육심의회, 2005)에서 초·중학교의 특수학급이 특별지원학급의 센터적 기능의 역할을 담당할 것과 특수학급 담당교사의 활용을 더 한층 강화시킬 것을 주장하고 있다. 개별지도계획작성에서 이른바 센터적 기능 역할을 담당하고 있는 특별지원학급의 교사가 개별지도계획작성에 대해 어떻게 인식하고 있는가를 명확히 하는 것은 큰 의의가 있다고 본다. 하지만 현 상태에서는 개별화교육계획작성에 관한 한국과 일본의 교사의식을 비교한 연구는 찾아볼 수가 없었다. 그러므로 본 장에서는 한국과 일본의 특수학급(일본에서는 특별지원학급이라고 칭하지만 이하 양국의 특수학급을 공통으로 기술할 경우 특수학급으로 기술한다)교사가 개별화교육계획작성에 대해 어떻게 인식하고 있고 또 양국의 교사인식에는 어떤 차이점이 있는가에 대해 알아보고자 한다.

2. 연구방법

1) 조사대상과 연구절차

조사대상은 일본의 쥬코쿠지역(돗토리, 오카야마, 시마네, 히로시마, 야마구치현 등)의 특수학급 설치의 초등학교 중에서 무작위로 선정한 200개교의 특수학급 담당교사(각 학교1명)와 한국의 경기, 경북, 대구, 부산, 경남, 충북의 특수학급 설치의 초등학교에서 무작위로 선정한 220개교의 특수학급 담당교사(각 학교1명)를 대상으로 설문 조사를 실시했다. 일본의 특수학급에 대한 조사는 우편조사법을 사용하여 선출한 각 학교의 교장 앞으로 설문지와 설문지 취지에 관한 설명을 동봉하여 특수학급 담임교사에게 설문작성을 의뢰하였다. 한국의 특수학급에 대한 조사는 한국 모대학의 교수에 의뢰하여 인터넷메일로 각 학교 특수학급 담임교사에 설문지를 송부하여 설문작성을 의뢰하였다. 설문지는 2008년 10월 27일에 송부하고 2008년 11월 25일까지 회수하였다.

2) 조사내용

설문지는 특수교육경력, 특수교육 교원자격증 및 소지율 정황 등에 관한 교사의 기본정보 항목과 개별화교육계획의 작성에 대한 교사 인식에 관한 항목으로 구성되었으며 개별화교육계획작성에 대한 인식을 측정하는 척도는 中村 등(2001)에 의해 작성되고 신뢰도와 타당도가 검증된 항목으로 구성되었다. 조사항목은 모두19개 항목으로 각 항목에 대하여 전혀 그렇게 생각하지 않는다, 그렇게 생각하지 않는다, 조금 그렇다고 생각한다, 매우 그렇다고 생각한다 등의 리커트 4단계의 평정 척도로 되어있다.

3. 조사내용의 분석 및 결과

1) 회수율

일본 특수학급 담임교사 200명 중 126명(63.0%)과 한국 특수학급 담임교사 220명 중 207명(94.1%) 등 총 333명(79.3%)으로부터 설문지가 회수되었다. 그 중 불성실한 설문을 포함한 25명과 개별화교육계획을 작성하지 않고 있다고 답한 3명을 제외한 305명(72.6%)의 설문지를 최종 분석자료로 사용하였다.

2) 교원의 기본정보

다음의 그림 3-4는 양국 교사의 특수교육 경력을 나타내고 있다.

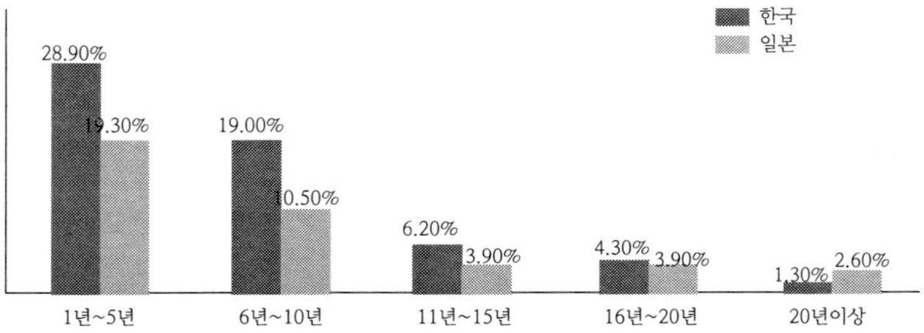

〈그림 3-4〉 양국 특수교사의 경력

3) 개별화교육계획의 작성 현황

한국의 특수학급에서 회수된 설문지 중 개별화교육계획을 작성한다고 해답한 비율은 100%였고 일본 의 특수학급에서 개별화교육계획을 작성한다고 해답한 비율은 97.6%였다.

4) 개별화교육계획작성에 대한 인식

먼저 개별화교육계획작성에 대한 교사인식의 각 설문항목에 대해 분석을 진행하였다. 각 항목의 평균치, 표준편차를 산출하여 검토한 결과 ceiling effect와 floor effect는 나타나지 않았다. 그 결과를 나타낸 것이 표 3-2이다.

한편, 19개의 설문항목에 대해 요인분석(principal factor method, promax potation)을 실시하였다. 추출된 요인을 잘 설명할 수 있는지를 고려하여 요인수를 결정하였다. 또 각 요인별 요인부하량이 .30 이하의 항목은 삭제하고 재차 분석을 진행하였다. 그 결과 4개 요인이 추출되었다. 회전 후의 결과를 표시한 것이 표 3-3이다.

<표 3-2> 개별화교육계획작성에 대한 의식 항목의 기술통계량

	평균치	표준편차
1. 개별화교육계획을 작성하지 않으면 안된다는 압력을 느끼지 않는다	2.55	0.83
2. 나는 방과후 교재를 준비할 시간이 없다	2.09	0.77
3. 나에게 있어서 개별화교육계획보다도 매일의 지도에 대해서 생각하는 것이 더 중요하다	2.18	0.81
4. 나는 개별화교육계획을 어떻게 작성하면 되는지 알고 있다	1.90	0.61
5. 나는 근무시간내에 지도방법을 생각할 여유가 있다	2.50	0.75
6. 나는 직무를 수행함에 있어서 언제나 시간에 쫓기고 있다	1.99	0.81
7. 개별화교육계획은 자신의 지도방법을 개선하는 하나의 계기이다	2.04	0.68
8. 개별화교육계획은 지금까지의 일반계획과 별로 차이가 없다	2.82	0.68
9. 개별화교육계획작성이 명시된 것은 나에게 있어서 영향이 크다	2.35	0.73
10. 개별화교육계획작성은 당연한 것이다	1.70	0.68
11. 개별화교육계획작성은 교사의 역량-전문성이 필요하다	1.72	0.69
12. 내가 근무하고 있는 학교에서는 개별화교육계획을 어떻게 작성하면 좋을지 몰라 고민하고 있다	2.56	0.74
13. 나에게 있어서 개별화교육계획작성은 가장 우선적인 과제이다	2.47	0.78
14. 내가 근무하고 있는 학교에서는 개별교육계획작성이 가장 우선적인 과제로 되고 있다	2.53	0.74
15. 개별화교육계획작성에 대해 불안감이 있다	2.56	0.71
16. 개별화교육계획작성은 나에게 있어서 직무의 핵심역할을 하고 있다	2.50	0.76
17. 학교에서 작성방침이 제시되면 개별화교육계획은 작성하지 않으면 안된다	1.83	0.72
18. 나는 개별화교육계획이란 어떤 것인가에 대해서 알고 있다	1.80	0.53
19. 개별화교육계획은 작성하지 않아도 된다면 작성하고 싶지 않다	2.80	0.83

〈표 3-3〉 개별화교육계획작성에 대한 인식의 요인 분석결과

	f1	f2	f3	f4
제1요인 우선성 (M=2.23, SD=.64, α=.75)				
16. 개별화교육계획작성은 나에게 있어서 직무의 핵심적역할을 하고 있다	.81	−.06	.09	−.03
13. 나에게 있어서 개별화교육계획작성은 가장 우선적인 과제이다	.70	−.12	−.05	.00
14. 내가 근무하고 있는 학교에서는 개별화교육계획작성이 가장 우선적인 과제이다	.51	.00	−.08	.00
11. 개별화교육계획작성은 교사의 역량-전문성이 필요하다	.50	.10	−.12	.05
9. 개별화교육계획작성의 명시된 것은 나에게 있어서 영향이 크다	.47	−.10	.00	−.05
17. 학교에서 작성방침이 제시되면 개별화교육계획을 작성하지 않으면 안된다	.41	.11	.03	.17
제2요인 다망감 (M=2.19, SD=.49, α=.74)				
2. 나는 방과후 교재를 준비할 시간이 없다	.03	.80	.06	.08
6. 나는 직무를 수행함에 있어서 언제나 시간에 쫓기고 있다	−.09	.72	−.07	.00
5. 나는 근무시간내에 지도방법을 생각할 여유가 있다	−.01	−.57	.00	.15
제3요인 의무감 (M=2.76, SD=.72, α=.62)				
19. 개별화교육계획을 작성하지 않아도 된다면 작성하고 싶지 않다	−.05	.02	.75	.12
10. 개별화교육계획작성은 당연한 것이다	.36	.00	−.53	.06
15. 개별화교육계획작성에 대해 불안감이 있다	.27	.13	.36	−.16
7. 개별화교육계획은 자신의 지도방침을 개선하는 하나의 계기이다	.22	.11	−.36	.03
3. 나에게 있어서 개별화교육계획보다도 매일의 지도에 대해서 생각하는 것이 더 중요하다	−.22	−.06	.31	.03
제4요인 기지성 (M=2.04, SD=.51, α=.53)				
4. 나는 개별화교육계획을 어떻게 작성하면 되는지 알고 있다	.09	−.02	.13	.72
18. 나는 개별화교육계획이란 어떤것인가에 대해서 알고 있다	.14	.00	.01	.63
12. 내가 근무하고 있는 학교에서는 개별화교육계획을 어떻게 작성하면 좋을지 몰라 고민하고 있다	.28	.03	.23	−.36
요인상관 f1	−			
f2	−.14	−		
f3	−.38	.11	−	
f4	.09	−.19	−.14	−
삭제항목 1. 개별화교육계획을 작성하지 않으면 안된다는 압력을 느끼지 않는다 8. 개별화교육계획은 지금까지의 일반계획과 별로 차이가 없다				

학위제도평균득점 〈M〉. 표준편차 〈SD〉. α 계수

표 3-3과 같이, 제1요인은 16번째 문항인 개별화교육계획작성은 내 직무의 핵심역할을 하고 있다, 13번 째 문항인 나에게 있어서 개별화교육계획작성은 가장 우선적인 과제이다, 14번째 문항인 내가 근무하고 있는 학교에서는 개별화교육계획 작성은 가장 우선적인 과제로 되고 있다 등 항목이 높은 부하량을 나타내고 있다.

이러한 항목은 개별화교육계획작성은 직무상의 중요한 부분이고 학교에서 무엇보다도 먼저 해결해야 할 과제라는 내용에 관한 요소라고 본다. 따라서 "우선성" 요인으로 명명하였다. 제2요인은 2번째 문항인 나는 방과 후 교재를 준비할 시간이 없다, 6번째 문항인 나는 직무를 수행함에 있어서 언제나 시간에 쫓기고 있다, 5번째 문항인 나는 근무시간 내에 지도방법을 생각할 여유가 있다는 항목이 높은 부하량을 나타내고 있다. 교사가 여러 가지 업무에 쫓겨서 여유가 없는 현실을 제시하고 있다고 볼 수 있다. 따라서 "다망감(多忙感)" 요인으로 명명하였다.

제3요인은 19번째 문항인 개별화교육계획을 작성하지 않아도 된다면 작성하고 싶지 않다, 14번째 문항인 내가 근무하고 있는 학교에서는 개별화교육계획작성이 가장 우선적인 과제로 되고 있다, 15번째 문항인 개별화교육계획작성에 대해 불안감이 있다 등 항목이 높은 부하량을 나타내고 있다. 개별화교육계획을 작성하지 않아도 된다면 작성하고 싶지 않다는 등 개별과교육계획작성에 대한 불안감, 부정적인 생각과 관련된 내용이라고 생각한다. 따라서 "의무감" 요인으로 명명하였다.

제4요인은 4번째 문항인 나는 개별화교육계획을 어떻게 작성하면 되는지 알고 있다, 18번 문항 나는 개별화교육계획이란 어떤 것인가에 대해서 알고 있다, 12번 문항인 내가 근무하고 있는 학교에서는 개별화교육계획을 어떻게 작성하면 좋을지 고민하고 있다 등 항목이 높은 부하량을 나타내고 있다. 이러한 항목은 개별화교육계획 작성방법을 이미 알고 있고 불안감 등이 없다는 것을 표시한다고 볼 수 있다. 따라서 "기지성(旣知性)" 요인으로 명명하였다. 각 요인의 α 계수를 산출한 결과 우선성은 .75, 다망감은 .74, 의무감은 .61, 기지성은 .53으로 나타났다. 기지성은 약간 낮은 수치이기는 하지만 5개 항목으로 구성되었다는 점을 감안하면 충분한 일관성을 갖고 있다고 말할 수 있다.

한편, 특수교육경력과 국가별에 따른 개별화교육계획작성에 대한 인식의 차이를 검토하기 위하여 각 척도의 득점에 대하여 특수교육경력과 국가를 요인으로 하는 분산분석을 진행하였다. 그 결과는 표 3-4와 같다. 표 3-4를 구체적으로 검토하면, 먼저 우선성에서 국가별 주효과(main effect)가 나타나므로 일본이 더 높은 것으로 나타났다($F = 17.60$, $p < .01$). 다망감에서 국가별 주효과가 나타나 한국이 더 높았다($F = 22.10$, $p < .01$). 의무감에서도 국가별 주효과가 나타나 일본이 더 높은 것으로 나타났다($F = 10.59$, $p < .01$). 기지성에서는 유의한 상호작용이 있었다($F = 3.08$, $p < .05$). 상호작용에 유의미한 차이가 있었으므로 단순주효과 검증을 진행했다. 그 결과, 일본 측 교사에게서 특수교육경력에 관해 단순주효과가 유의미한 차이가 있었다(4,295 = 1.81, $p < .05$).

중다비교를 진행한 결과, 특수교육경력이 1-5년의 교사집단이 특수교육경력이 11-15년 교사집단보다 개별화교육계획작성에 대한 기지성 득점이 더 높았다. 그리고 특수교육경력이 1-5년의 교사집단에서 국가별 단순주효과의 유의미한 차이가 있었는데(1,295 = 8.58, $p < .05$), 중다비교를 진행한 결과 특수교육경력이 1-5년인 교사집단에서 일본의 교사가 한국의 교사보다 개별화교육계획작성에 대한 기지성이 더 높은 것으로 나타났다.

〈표 3-4〉 분산분석 결과

		특수교육경험년수										국가별 주효과	경력별 주효과	상호작용
		1년~5년		6년~10년		11년~15년		16년~20년		20년이상				
		M	SD	M	SD	M	SD	M	SD	M	SD			
우선성	한국	2.18	0.49	2.08	0.50	2.05	0.45	1.90	0.44	1.96	0.37	**		
	일본	2.44	0.42	2.49	0.14	2.17	0.47	2.65	0.60	2.08	0.39			
다망감	한국	2.39	0.56	2.40	0.59	2.54	0.36	2.41	0.68	2.08	0.32	**		
	일본	1.81	0.58	1.94	0.57	2.19	0.59	1.60	0.56	1.97	0.67			
의무감	한국	2.64	0.45	2.64	0.48	2.74	0.33	2.64	0.40	2.60	0.49	**		
	일본	2.86	0.44	2.91	0.42	3.18	0.45	2.77	0.69	3.06	0.44			
기지성	한국	1.94	0.46	2.07	0.40	2.14	0.32	2.15	0.55	2.17	0.43			*
	일본	2.16	0.48	2.11	0.44	1.83	0.50	1.97	0.40	1.93	0.56			

*p〈.05 **p〈.01

4. 결과 분석

본 장에서는 한국과 일본의 특수학급 담임교사가 개별화교육계획작성에 대하여 어떻게 인식하고 있고 그 인식에 관한 양국의 차이점에 대해 알아보았다. 그 결과, 양국의 특수학급 담임교사는 개별화교육계획작성방법 등에 대해 이미 잘 알고 있었고(요인4), 개별화교육계획작성을 직무의 중요한 부분 혹은 우선적인 과제로 인식하고 있었다(요인1). 반면에 양국의 특수학급 담임교사는 과다한 업무로 인하여 여유가 없는 교육적 현실(요인2)과 개별화교육계획작성을 의무적 직무로 인식하고 그 작성에 대해 불안감을 갖고 있었다(요인3).

일본에서는 1999년에 자립활동과 중복장애인에 관하여 개별지도계획작성이 명시되었지만 그 작성에 관해서는 학습지도요령에 공시되기 이전부터 도쿄도교육청(1997), 홋가이도도립 특수교육센터(1998) 등과 같은 교육행정기관이나 홋가이도도립 요이치양호학교(1995), 요코하마국립대학 부속양호학교(1995) 등과 같은 양호학교 등에서 개별교육계획, 개별의 교육계획, 개별지도계획 등의 이름으로 개별지도계획이 작성되고 있었다. 한국에서도 개별화교육계획의 작성이 명시되기 전부터 교육과학부기술부의 교육과정운영자료, 각종 학술논문, 각종 세미나 등에서 이미 개별화교육계획이 폭넓게 소개되었다(한현민, 2008).

이러한 실적들 때문에 한일 양국 교사가 개별화교육계획작성에 대해 이미 알고 있다는 기지성의 현상이 나타났다고 생각한다. 그리고 일본은 개별화교육계획작성이 법적으로 규정되면서 특별지원학급(일본 국립특수교육종합연구소, 2000; 西他 , 2001)이나 통합학급(若葉 , 2001; 阿部 , 2002)에서도 개별지도계획작성이 추진되고 있고 지금은 초중학교의 일반학교에서도 개별지도계획을 작성할 것을 요구하고 있으며 일반학급의 개별지도계획작성율은 80%에 달하고 있다(문부과학성, 2008). 한국에서는 개별화교육계획작성이 규정된 1994년부터 특수학급이 그 대상에 포함되어 있었고 개별화교육계획작성은 특수교육대상자의 개인차를 고려한 가장 적합한 교수학습의 조건을 제공하는 것으로 알려지고 있다. 이와 같은 현상으로 인하여 한일 양국 교사의 개별화교육계획에 대한 우선성에 높은 관심을 보였다고 생각한다.

한편, 개별화교육계획을 작성하지 않아도 된다면 작성하고 싶지 않다, 개별화교육계획작성에 대해 불안감이 있다 등 의무감으로 인식하고 있는 것을 본다면 한일 양국의 특수학급 교사가 개별화교육계획

작성의 합리성과 필요성에 대해 정확하게 이해하지 못하고 있다고 추측된다. 개별화교육계획작성의 필요성을 이해하기 위해서는 각 교사에게 개별화교육계획작성의 목적을 충분히 이해시킬 필요가 있다(姉崎 , 2003). 개별화교육계획작성의 목적이 명확하지 못하면 교사는 평소의 다망감으로 인해 작성 그 자체가 목적으로 변질되어 개별화교육계획의 작성에만 그쳐버리고 마는 위험성을 초래한다. 개별화교육계획작성의 목적에는 ①학교의 책무성(설명책임), ②수업에서의 교수학습활동의 활성화, ③교사집단의 자기 교육력 향상 등의 3가지가 있다(安藤 , 2000). 이러한 목적이 각 학교에서 충분히 검토되고 각각의 교사나 보호자가 이해했을 때 비로소 정착된 개별화교육계획이 추진될 수 있을 것이다.

개별화교육계획에 관한 선행연구에서도 학교현장의 개별화교육계획작성에 대해 교사가 부담을 느끼고 다망감을 느끼기 때문에 개별화교육계획 작성이 형식에만 그치고 있다(安藤 , 2000 ; 宮崎ら , 2000 ; 太田 , 2000)고 지적되었고 본 장에서도 마찬가지로 그러한 "다망감"이 추측되었다. 여러 교사가 방과 후에 개별화교육계획의 작성을 위해 교사협의체를 정기적으로 가진다는 것은 결코 간단한 일이 아니다(安藤, 2001). 교사 업무의 효율화를 위해서는 불필요한 작업을 줄이는 등 합리적인 서식과 작업의 표준화의 제안(宮崎, 2001) 등이 제기되고 있다. 그리고 "특별지원교육을 추진하기 위한 제도의 방향성에 대한 답신"(중앙교육심의회, 2005)에서는 특수학급과 통합학급에 의한 지도의 현황과 과제로 충분한 전문성을 갖고 있지 못한 교사가 배치되어 있다는 점을 지적하고 있다. 교사의 협의 시간을 가지는 것만으로 충분한 것이 아니라 무엇보다도 중요한 것은 협의의 시간이 짧아도 학생의 지도에 책임성을 가진 담당교사가 지도 요소를 파악한 개별지도계획을 명확히 파악 그것을 전체 교사에서 이해시키고 함께 수업에 활용해가는 실천역량이 필요하다고 생각된다.

나아가서 특수교육경력과 국가 등의 설명변수로 한 분석을 진행한 결과 제1요인인 "우선성"에서 국가 간의 주효과가 나타나 일본이 한국보다 평균치가 더 높았다. 한국에서는 1994년부터 개별화교육계획 작성이 규정되었지만 일본의 특수학급에서 개별화교육계획작성이 규정된 것은 2008년(문부과학성, 2008)이며 현재는 일반학급의 개별화교육계획 작성에 대해 지원을 하지 않으면 안 되는 상황으로 되어있다. 개별화교육계획의 구체적인 대응이 가져온 현 상황이 일본의 특수학급교사가 한국의 특수학급교사보다 개별화교육계획작성에 대해 "우선성"의 높은 관심을 가져왔다고 생각할 수 있다.

또한 제2요인인 "다망감"에서도 국가간의 주효과가 나타나 한국이 일본보다 평균치가 더 높았다. 일본의 초등학교 특수학급의 한 학급당 아동 수는 8명 이하이고 한국은 한 학급당 정원수가 6명 이하로 규정되어있다. 그러나 현실적으로는 한국의 초등학교 특수학급 담임교사 한 사람당 평균 담당 학생 수가 7명 정도이고(교육과학기술부, 2010) 일본의 초등학교 특수학급 담임교사 한 사람당 실제 평균 담당 학생 수는 2.9명(문부과학성, 2009)이다. 그리고 한국에는 하나의 학교에 특수학급이 일반적으로 1-2학급 설치되어 있지만 1개의 학급만 설치되어 있는 학교도 적지 않다.

이럴 경우 특수학급 담당교사가 혼자서 여러 학년에 재학 중인 모든 특수교육 대상학생의 수업을 맡아야 하므로 "다망감"이 더 높다고 여겨진다. 제3요인인 "의무감"에서도 국가 간의 주효과가 나타났다. 일본이 한국보다 평균치가 더 높았다. 한국에서는 특수학급의 담임교사는 반드시 특수교육 교원자격증을 소유할 것을 요구하고 있고 국가 및 지방단체는 특수교육교사의 전문성 향상을 위한 교육 및 연수를 정기적으로 실행해야 한다 등이 법률로 규정되어 있다(장애인 등에 대한 특수교육법, 2007). 그러나 일본의 특수학급 담당교사는 특별히 특수교육 교원자격증을 소지해야 한다는 필수조건이 없으며 현재에도 특수학급 교사의 특수교육 교원자격증 보유율은 32.4%이다(문부과학성, 2008). 장애의 다양성, 중도·중복화에 따라 개개인에 따른 지도에는 높은 전문성이 요구되고 있지만 현실적으로 특수학급 담임교사는 보호자의 다양한 요구에 적절히 대응하는 것에 대해 많은 고민을 안고 있으며 보호자가 기대하는 전문적 역할을 수행하지 못하고 있는 것이 일본의 특수학급의 과제로 제기되고 있다(중앙교육심의회, 2005). 이러한 상황이 일본의 특수학급 담임교사의 개별화교육계획 작성에 대한 의무감과 불안감과 같은 부정적인 인식을 가져왔다고 추측된다. 향후 다양한 연수의 참여와 특수교육 교사의 소지자격증 보유 등을 어떠한 형식으로든 법적으로 명시해서 질 높은 지도과 전문성의 향상을 높여야 할 것이다.

제4요인인 "기지성"에서는 유의미한 상호작용이 나타나 단순주효과의 검증을 진행하였는데 일본 측에서 특수교육경력의 단순주효과가 유의미한 차이가 있었다. 즉, 특수교육경력이 1-5년의 교사집단이 특수교육경력이 11-15년 교사집단보다 개별화교육계획 작성에 대한 기지성 득점이 더 높았다. 일본에서는 특수교육경력이 짧은 교사가 개별지도계획을 나름대로 이해하고 있다고 인식하고 있으며 특수교육경력이 긴 교사는 그 경험과 지식의 깊은 정도를 잘 알고 있기에 충분히 이해하고 있다고 생각하지 않고 있었다. 이러한 결과는 개별화교육계획을 장기간 작성하는 가운데 개별화교육계획의 본질과 이념의 깊음을 이해함에 따라 불안감을 느끼고 있다고 추측된다.

이와 같은 배경에는 과제내용에 관한 많은 지식을 획득하고 있으므로 깊게 생각한다는 등 경험이 풍부한 교사 사고과정에 보이는 특징(Bransford et al, 2000)이 있다고 여겨진다. 또한, 특수교육경력이

1-5년의 교사집단에서 국가 간 단순주효과가 유의미한 차이가 있었다. 특수교육경력수가 1-5년의 교사집단에서 일본의 특수학급 담임교사가 한국의 특수학급 담임교사보다 개별화교육계획작성에 대한 기지성이 높았다. 일본의 특수학급에서 개별화교육계획작성이 규정된 것은 2007년부터이지만 한국의 특수학급에서는 1994년부터 그 작성이 규정되고 있었다. 이미 알고 있거나 혹은 실시해야만 하는 기간은 한국이 훨씬 길다. 이상과 같은 이유로 인하여 한국의 개별화교육계획은 제도화는 되어있지만 현실적으로는 잘 진행되지는 못하고 있다고 추측된다.

5. 종합 고찰

본 장에서는 한국과 일본의 개별화교육계획에 관해 비교 및 검토해 보았다. 일본과 한국의 차이점에 초점을 두고 한국과 일본의 개별화교육계획작성이 규정된 역사적 배경과 개별화교육계획 작성의 관련 규정을 비교하여 그 차이점에 대해 알아보았다. 그리고 한국과 일본의 교사가 개별화교육계획 작성에 대해 어떻게 인식하고 있으며 어떠한 차이점이 있는가에 대해 알아보았다.

먼저, 개별화교육계획작성이 규정된 역사적 배경에는 개개인의 능력에 따른 교육과 미국의 IEP영향이라는 공통점이 있었다. 그러나 일본에서는 개별화교육계획작성이 규정된 것이 한국보다 5년 늦었고 구체적으로 누가, 무엇을, 어떻게 작성하고 운영하는 가에 대해 국가적 차원의 지침이 없고 각 학교에 위임되고 있다. 이에 비해, 한국은 1994년부터 개별화교육계획 작성이 법률로 규정되어 있고 작성에 관한 구체적인 사항에 처음부터 장애학생과 보호자의 권리, 차별 금지,

통합교육 등이 포함되어 있었다. 또한, 한국에서는 2007년의 장애인에 대한 특수교육법 제정을 통하여 개별화교육계획의 개념, 특수교육 관련서비스, 보호자의 참가의무 등의 내용이 도입되었고 관련 지침서 발행 등 개별화교육계획의 작성과 운영을 충실히 실시하고 있다.

한국과 일본의 교사가 개별화교육계획작성에 대해 어떻게 인식하고 있으며 어떤 차이점이 있는가에 대해 알아본 결과, 한일 양국 교사가 개별화교육계획작성에 대해 이미 알고 있으며 직무의 중요한 부분, 최우선적인 과제로 인식하고 있는 반면에 양국 교사 모두 과다한 업무 등에 쫓겨 여유가 없는 다망감과 개별화교육계획작성에 대해 의무감을 느끼고 있다는 점도 밝혀졌다. 그리고 개별화교육계획 작성의 우선성과 기지성에 대해서는 일본의 교사가 한국의 교사보다 높은 인식 정도를 가지고 있고 다망감에 대해서는 한국의 교사가 일본의 교사보다 더 강하게 느끼고 있음으로 알 수 있었다.

이상과 같은 내용을 살펴보면, 한국의 개별화교육계획은 제도적으로는 앞서가고 있지만 현실과는 큰 차이가 있다는 점을 지적할 수 있다. 즉, 한국의 교사는 개별화교육계획 작성에 대해 의무감과 다망감을 느끼고 있다. 지금까지의 한국의 개별화교육계획 작성에 관한 선행연구에서도 교사가 개별화교육계획 작성에 대해 다망감과 의무감을 느끼고 있다는 문제점이 가장 많이 지적되어 왔다(김병하, 2001; 김윤실, 2005; 한현민, 2008). 그 이유로는 ①국가의 재정·행정의 지원체제 불충분, ②한 학급당 학생 수의 과다, ③교사의 과다한 업무, ④교재·교구의 부족 등이다. 다시 말하면 국가는 개별화교육계획 작성에 대해 법률적으로는 여러 가지 규정을 하고 있지만 현실적인 지원은 충분하다고 말할 수 없다는 것이다. 이러한 상황을 검토해 보면 한국의 개별화교육계획은 선행법(先行法)의 의미가 강하다고 할 수 있다. 선행법의 특징(落合 , 2002)은 법률이 현실과의 괴리가 있어도 그 이상이 현실을 이끌어가고 실현 가능한 부분 그 이상과 점점 가까워지는 반면에 실현이 불가능한 부분과는 격차가 커지기만 한다는 위험성이 있다. 한국은 1977년에 특수교육진흥법이 제정됨에 따라 장애인의 공교육이 보장되었고 1994년의 특수교육진흥법의 전면적 개정을 통해 통합교육 이념의 도입과 개별화교육계획 작성이 법률적으로 규정되었다. 그렇지만 국가와 지방자치단체의 책임이 충분치 못하고 교육현장에서는 충분한 교육적 배려가 되어있지 못하다는 현실에 비추어 2007년에 장애인 등에 관한 특수교육법이 제정되었으며 그 법의 제정을 통해 개별화교육계획의 내용도 큰 진전을 가져왔다고 말할 수 있다. 한국의 십 수 년간 시행착오 결과의 새로운 법률 제정이 이념과 실정의 괴리를 메울 수 있으리라 기대되지만 선행법의 특징과 과제를 항상 염두에 두어야 한다고 생각한다.

일본의 개별화교육계획은 그 작성이 1999년에 중복장애와 자립활동에만 한하여 규정되었고 10년 후인 지금에 와서도 경도장애아를 대상으로 한다는 등 양적 확대 이외에 관련 규정 등은 큰 변화는 거의 없었다. 그렇지만 개별화교육계획이 법적으로 규정되어 있지는 않으나 학교현장에서는 교사가 개별화교육계획작성을 직무의 중핵으로 인식하고 우선적인 과제로 생각하고 있었다. 또한 개별화교육계획에 대한 기지성에 대해서도 일본의 교사가 한국의 교사보다 더 높았다. 개별화교육계획 작성을 법률로 명시하는 것보다 현장 교사가 그것을 어떻게 이해하고 받아들이는가 하는 것이 중요할 지도 모른다.

그리고 일본은 법률 체계의 기반이 확실하게 되어있어 통달(통지) 등에 관한 내용이 현장에서 정확하게 실행되고 있다는 것도 예측할 수 있다. 또한 일본이 국제연합의 "장애인권리조약"을 비준할 경우 "장애인제도개혁을 추진하기 위한 기본 방향(제1차 의견)"의 장애인과 보호자의 권리, 차별 금지, 통합교육 등의 내용도 향후 개별화교육계획에 충분히 반영해야 하며 그러기 위해서는 어떠한 내용을 절차를 밟아야 할 것인가에 대해서도 고려할 필요가 있다.

국제연합의 장애인권리조약을 기준으로 보면 한국의 개별화교육계획은 권리조약의 내용에 가깝고 지금도 부단히 충실해나가기 위해 노력하고 있지만 교육현실을 보자면 어려운 상황도 적지 않고 개선해야 할 점도 있다.

일본의 개별화교육계획은 작성이 법률로 규정된 지 10년이 지났다. 개별화교육계획의 작성 대상이 발달장애가 있는 아동의 적용과 일반학급의 작성으로 양적으로 확대되었지만 장애인권리조약의 내용에 서술되어있는 사항에 대해서는 언급하지 않고 있는 등 적지 않는 과제도 있다. 향후 어떠한 형태로 규정할 것인가에 대해 의논할 필요가 있다고 여겨진다. 그리고 앞으로의 연구에서는 한일 양국의 개별화교육계획이 실제로 어떻게 실행되고 있으며 어떠한 과제를 갖고 있는가에 대해 명확히 할 필요가 있다. 예를 들면 한일 양국의 특수학교, 특수학급, 통합학급의 개별화교육계획 실행상황과 과제 등을 밝히고 각 담당교사에게 필요한 지원방법을 명확히 할 필요가 있다고 생각한다. 그리고 한국과 일본의 특수학급 담임교사의 개별화교육계획작성에 대한 인식을 밝혔지만 향후에는 특수학교와 일반학급 및 통합학급의 교사의 인식에 대해서도 조사를 진행할 필요가 있다. 그리고 각 담당교사 간의 인식의 차이점을 밝힘으로서 각각의 교사가 개별화교육계획 작성에 대해 정확하게 이해하고 실행하기 위한 지원방법에 대해 보다 더 명확하게 할 수 있다고 본다.

한국의 개별화교육계획에 관한 법률에는 국제연합의 "장애인권리조약" 내용 이상의 항목이 망라되어있고 특히 벌칙규정은 국제적인 수준을 넘어서고 있다. 일본이 권리조약을 비준할 경우에는 동일한 내용이 국내법에 의해 뒷받침될 것이다. 단적으로 말하면 지금까지 교사는 아동의 학업성적과 사회적 대응 능력의 향상을 위한 이념이나 역량 향상을 위한 노력이 필요하였다. 그러나 "장애인권리조약"이 비준된 후에는 차별반대, 학생과 보호자의 의견청취, 이의신청과 재심청구의 대응 등도 필요하게 된다. 즉, 한국의 특수학급 교사가 일본의 특수학급 교사보다 다망감을 느끼는 것은 한 학급당 학생 수가 많을 뿐 아니라 국제연합의 "장애인권리조약"이 비준되었을 때 새롭게 교사에게 더해지는 압력을 경험하고 있기 때문이 아닐까 라는 생각이 든다. 그리고 한국의 통합학급에서 교사가 어떠한 수업을 진행하고 있으며 어떠한 어려움을 겪고 있는가를 밝히는 것은 앞으로 일본이 권리조약을 비준한 후 일반학급 속에서 합리적인 배려를 실행함에 있어서 매우 중요한 단서로 될 것이다. 따라서 한국의 통합학급 실태에 대해서도 조사할 필요가 있다고 본다. 일본의 문부과학백서(2010)에 의하면 의무교육단계에서 한 학급당 학생 수가 많은 것은 한국, 칠레 일본의 순서로 되어있다. 그러므로 세계적으로 통합교육이 주된 흐름으로 되어있을 때 유럽과 같이 작은 학생 규모의 학급으로 구성되어 있는 나라들에서는 볼 수 없는 다양한 어려움이 있을 것이다. 경쟁에 의해 학력향상을 도모한다는 견해에서 보면 한 학급의 학생 수가 많으면 그만큼 경쟁력이 생긴다고 말할 수 있을지도 모른다. 그러나 통합교육을 목표로 한 이념과는 근본적으로 다른 점이 아닐까라는 생각이 든다. 앞으로 개별화교육에 관해 한국과 일본 및 유럽 등과의 비교 연구 등도 진행할 필요가 있다.

부록

<부록 1> 오사카 교육위원회작성 개별화지도계획양식

□ 학생의 상황파악 시트 양식 예 (고등학교)

학생 상황파악 시트 (양식)

학생명 (　　　　　　　　) (　　　)년 (　　　)반　성별(　　) 연령(　　) 생년월일 (　　　년　　　월　　　일)	기록자 (　　　　) 기록연월일 (　　년 월 일)

기본적인 생활습관	
학습장면의 모습	
기본적인 학력	
언어·커뮤니케이션	
취미·관심	
사회성·대인관계	
행동 등의 특징	
검사의 결과 등	

□ 개별화지도계획의 양식 예 (고등학교)

【양식A (전반적인 지도계획)】

개별 지도계획 (학기)

<table>
<tr><td colspan="2">학생명 【 】
기록자 【 】 기록년월일 (년 월 일)</td></tr>
<tr><td>장기목표</td><td></td></tr>
<tr><td>단기목표</td><td></td></tr>
<tr><td>【구체적인 과제】</td><td>【지도방법】</td></tr>
<tr><td colspan="2">【평가의 관점】</td></tr>
<tr><td colspan="2">【평가】 기록일 : (년 월 일)</td></tr>
</table>

【양식B (교과 등의 지도계획)】

개별화지도계획 (　　학기)　【　　　　　】과

<table>
<tr><td colspan="2">학생명 【　　　　　　　　　】
기록자 【　　　　　　　　　】 기록년월일 (　　　년　　　월　　　일)</td></tr>
<tr><td>지원 목표</td><td></td></tr>
<tr><td colspan="2">【학생의 상황】</td></tr>
<tr><td colspan="2">【과목의 지도·지원방법·내용 등】</td></tr>
<tr><td colspan="2">【평가】 기록일 : (　　　년　　　월　　　일)</td></tr>
</table>

〈출처〉 오사카(大阪)교육위원회 발행 「내일부터의 지원을 위하여 - 고등학교에서 발달장애학생에 대한 적절한 지도와 지원을 위하여」(2009년 3월)

<부록 2> 일본의 장애아동에 대한 교육 연표

1878년	교토맹아원 설립
1906년	동경 타니가와 학원설립 (일본 정신박약아교육의 시작)
1921년	동경 카시와 학원설립 (일본 지체부자유아 교육의 시작)
1941년	국민학교령시행규칙 「신체허약, 정신박약기의 타심신이상이 있는 아동에 있어 특별양호의 필요가 인정되는 다른 두 학급 혹은 8학 교를 편제하는 것을 원칙으로 함」
1947년	교육기본법·학교교교육법 공표
1948년	맹학교, 농학교 의무화
1956년	오오사카부립양호학교·아이치현립양호학교 창설
1957년	동경도립정조양호학교창설 (최초의 공립정신박약양호학교)
1958년	센다이시립통촌소학교에 언어장애학급 설치
1971년	국립특수교육종합연구소 설립
1978년	초등중등교육국장통달 「교육상 특별한 취급을 요하는 아동·학생의교육배치에 관하여」 이른바 309호 통달
1979년	양호학교 의무화
1993년	「통합에 의한 지도」 시작
2001년	「21세기의 특수교육의 방법에 관하여(최종보고)」
2003년	통상학급에 있어서 학습상·행동상 상당한 곤란을 겪는 아동생애에 관하여 전국조사의 결과공표 : 6.3% (「향후의 특별지원교육의 방법에 관하여(최종보고)」의 중에서 공표)
2005년	중앙교육심의회 「특별지원교육을 추진하기 위한 제도의 방법에 관하여」 답신
2005년	발달장애자 지원법 실행
2006년	학습장애와 ADHD가 통합 지도의 대상으로 전환
2007년	개정학교교육법 실행 (특수교육으로부터 특별지원교육으로의 전환. 맹·농·양호학교로부터 특별지원학교로 전환)

<부록 3> 일본 발달장애아지원법의 주요 내용

제 1장 총칙

(목적)

제1조 이 법률은 발달장애자의 심리기능의 적정한 발달 및 원만한 사회생활의 추진을 위하여 발달장애의 증상의 발현 후 가능한 한 초기에 발달지원을 하기 위함을 특히 중요하게 감안하여 발달장애를 초기에 발견하고, 발달지원을 하는 것과 관련하여 국가 및 공공지방단체의 책무를 명확하게 하는 것과 함께 학교교육에서 발달장애자의 지원, 발달장애자의 취학과 노동의 지원, 발달장애자지원센터의 지적 등에 관하여 규정하고 있으며, 발달장애자의 자립 및 사회참가를 할 수 있도록 그 생활전반에 걸친 지원을 도모하고, 복지의 증진에 참여하도록 하는 것을 목적으로 한다.

(정의)

제2조 이 법률에서 「발달장애」란 자폐증, 아스파라거증과 그 외의 광범위한 발달장애, 학습장애, 주의력결핍다동성장애 그 외에 뇌기능의 장애를 가져 그 증상이 통상 저 연령에서 발현되는 것으로 정령에서 정하고 있다.

2. 이 법률에서 「발달장애자」란 발달장애를 가지고 있어 일상생활 및 사회생활에 제한을 받는 자를 말하며, 「발달장애아」란, 발달장애자 중 18세 미만의 자를 말한다.

3. (생략)

(국가 및 지방공공단체의 책무)

제3조 국가 및 지방공공단체는 발달장애자의 심리기능의 적정한 발달 및 원만한 사회생활의 추진을 위하여 발달장애의 증상의 발현 후 가능한 한 초기에 발달지원을 하기위한 것을 중요하게 함과 동시에 발달장애의 초기발견을 위한 필요한 조치를 하기위한 것이다.

2~4 (생략) (국민의 책무)

제4조 국민은 발달장애자의 복지에 관한 이해를 깊이 있게 함과 동시에 사회연대의 이념에 부응하고, 발달장애자가 사회경제활동에 참가할 수 있도록 협력하도록 하지 않으면 안된다.

제5조 시정촌은 모자보건법 제 12조 및 제13조에서 규정하는 건강조사를 실시하고, 발달장애의 초기발견에 충분히 유의하지 않으면 안된다.

2. 시정촌의 교육위원회는 학교보건법 제4조에서 규정하는 건강진단을 실시하고, 발달장애의 초기발견에 충분히 유의하지 않으면 안된다.

3~5 (생략)

제6~7조 (생략)

(교육)

제8조 국가 및 지방공공단체는 발달장애아(18세 이상의 발달장애자로 고등학교, 중등교육학교, 맹학교, 농학교 및 양호학교에 재학하는 자를 포함)가 그 장애의 상태에 따라 충분한 교육을 받을 수 있게 하기위해 적절한 교육적 지원, 지원체제의 정비 그 이외의 필요한 조취를 하도록 한다. 2 대학 및 고등전문학교는 발달장애자의 장애상태에 따른 적절한 교육상의 배려를 하도록 한다.

제9~13조 (생략)

제3장 발달장애자지원센터 등

제14~19조 (생략)

(발달장애자지원센터 등) (전문적인 의료기관의 확보 등) 외

제4장 보칙

제20~25조 (생략)

(민간단체의 지원) (국민에 대한 보급 및 계발) (전문적 지식을 가진 인재의 확보 등) 외

부칙 (생략)

참고문헌

교육과학기술기술부(2008). **장애인등에 대한 특수교육법령 해설자료.**

교육과학기술기술부(2009). **통합학급 및 특수학급 교육과정 편성 운영 자료.**

교육과학기술부(2008.8). **제3차 특수교육발전 5개년 계획**(08-12).

교육과학기술부(2008.9). **특수교육연차보고서.**

한국교육개발원(2007). **교육백서**(2003-2007).

교육인적자원부(1994). **특수교육진흥법 전면개정 법률**, 교육인적자원부제4716호.

교육인적자원부(2008). **교육인적자원부 고시 제2008-3호에 따른 개별화교육계획 수립 · 운영 자료.**

국립특수교육원(1999). **개별화 교육계획 작성 · 운영지침.**

김세곤(1998). "특수교육". 한국 일본 학회 일본 연구 총서 간행 위원회 편. **일본교육의 이해**. 서울: 시사일본어사.

김윤식, 김남순(2008)미국장애인 교육법과 우리나라 특수교육법에서 개별화교육프로그램(EIP)고찰, **특수교육학연구, 43**(2), 47-69.

김정권(1995). 통합교육 패러다임 이동과 효율성 제고를 위한 대안적 전략. **특수교육학회지, 16**(2), 5-32.

김정권(1997). **완전통합교육과 학교교육의 재구조화**. 서울 : 도서출판 특수교육.

김진숙, 강경숙(2005). 일본·중국·홍콩의 초등 통합교육과 교육과정 운영 동향. **특수교육연구, 12**(1), 27-55.

박선미(2008). 초등특수학급 교사의 개별화교육(IEP)운영 실태 및

인식: 부산지역 초등 특수학급을 중심으로. 부산대학교 대학원특수교육전공 석사학위논문.

박재국(2000). 미국과 일본의 통합교육 현상에 비추어 본 한국적 과제. **한국특수아동학회 국제학술대회 자료집**. 77-96.

박향매(2004). 일본 특별지원교육체제의 특징에 관한 연구. **중복·지체부자유아교육**, 44, 63-82.

박화문, 박재국, 김영한 외 공역(1999). **세계 특수교육의 신동향: 통합교육의 실천**. 서울: 학지사.

박화문(2006). 일본 특별지원교육성립 배경과 특징. **특수교육저널: 이론과 실천**, 7(1), 243-259

윤광보(2008)개별화교육계획에 의한 교육과정 개별화 방안 연구. **특수교육저널**, 9(3), 387-408.

이미라 역(2002). **일본의 「21세기 특수교육의 방법과 한국에의 시사」**. 서울: 도서출판 특수교육.

이효자(2008). 장애인 등에 대한 특수교육법이 가져다주는 변화와 과제. **교육정책포럼 자료집**, 179.

임안수(2002)우리나라와 미국IEP의 법적 비교연구. **특수교육저널: 이론과 실천**, 3(4), 27-44.

장애인 등에 대한 특수교육법. 제정 2007.5.25 법률 제8483호. 시행일 2008.5.26.

전헌선, 김정희(2006). 중복장애 학생의 교육과정 선택사항에 관한 고찰. **특수아동 교육연구**, 8(2), 19-38.

전헌선, 김정희(2006). 한일 특수학교의 치료교육활동 비교. **비교교육연구**, 16(4), 157-177.

정주영(2009)초등 특수학급교사의 개별화교육계획 개발에 관한 실태조사. **지적장애연구**, 11(1), 123-139.

주일한국대사관교육관실(2006). **일본의 특수교육관련 제도 및 법규:**

東京都의 경우. http://library.mest.go.kr.
한현민(2008). 개별화교육계획 시행의 근거법령에 대한 한·미간 비교연구: 과제와 개선의 대안. **특수교육연구**, 15(2), 57－99.
岡崎裕子(1989). アメリカ合衆国における障害児教育－全障害児教育法と個別教育プログラム－.**大谷女子大学紀要**, 23(2), 43－57.
岡嶋賢治·藤田裕司(2002). 障害児教育における「個別の指導計画」－実態調査を通して見たその今日的課題－.**大阪教育大学紀要**, 50(2), 293－30
姜美羅·落合俊郎(2011). 韓国の社会的企業の現状と課題. **広島大学大学院教育学研究科附属特別支援教育実践センター研究紀要**, 9, 39－50.
谷本寛治(2006). ソーシャル·エンタープライズ **社会的起業の台頭**. 東京: 中央経済社.
宮崎昭(2000). 自立活動における個別の指導計画の実際. **肢体不自由教育**, 147, 40－46.
宮崎直男(1997). 日本における「個に応じた指導」の歴史的概観. **発達障害研究**, 19(2), 1－11.
近江幸治(2002). New Public Management からの"第三の道"·"共生"理論への展開－資本主義と福祉社会の共生－. 東京: 成文堂.
近江幸治(2002). New Public Management から"第三の道"·"共生"理論への展開 -資本主義と福祉社会の共生－. 東京: 成文堂.
金子健(1999). なぜ今,個別の指導計画なのか.**発達の遅れと教育**, 502, 14－17.
大杉成喜(2004). 日韓の特殊教育における教育情報化の比較. **日本教育工学会論文誌**, 28, 205－208.
大滝敏之, 野沢哲也, 青田秀樹(2006). 企業減税の先不透明アベノミクス手本は米レーガン戦略, **朝日新聞2006年11月28日**.

東京都教育庁指導部心身障害教育指導課(1999). **障害のある児童・生徒のための個別の指導計画Q&A(改訂版)**. 東京: 株式会社文久堂.

落合俊郎(1988). 日英(スコットランド)特殊教育の比較:入学の手引きを通してみた理念の違いについて". **世界の特殊教育II**, 1－16.

落合俊郎(2002). 韓国の挑戦 全訳と解説 特殊教育振興法. **人権と教育**, 36, 62－72.

落合俊郎(2012). 東アジアにおけるインクルーシブ教育の現状と課題, **第5回滄波国際セミナー, 大邱大学校.**

落合俊郎 編著(1997). **世界の特殊教育新動向**. 東京: 日本知的障害福祉連盟.

落合俊郎(2003). インクルージョンは避けられない.手をつなぐ570. **全日本手をつなぐ育成会**, 18－21.

梁任實, 田坂裕子, 隝田征子(2003). 全国の知的障害児通園施設における個別の指導計画に関する調査研究. **発達障害研究**, 25, 70－78.

木舩憲幸(2010). インクルーシブ教育の導入で学校はどう変わるか. **教職研修**, 39(3), 82－86.

文部科學省(2004). **特別支援教育を推進するための制度の在り方について.**

文部科學省(2007). **文部科學白書.**

文部科學省(2007). **特別支援教育の推進について.**

文部科學省(2008). **特別支援教育**(http://www.mext.go.jp).

文部科學省(2008). **特別支援教育資料**(平成19年度)文部科學省初等中等教育局特別支援教育課.

文部科學省(2009). **特別支援教育資料**(平成20年度)文部科學省初等中等教育局特別支援教育課.

文部科学省(1999). 盲学校, 聾学校及び養護学校学習指導要領解説－総則等編－. 東京: 大蔵省印刷局.
文部科学省(2005). 特別支援教育を推進するための制度のあり方について(答申). 初等中等教育局特別支援教育課中央教育審議会.
文部科学省(2008). 特別支援教育資料(平成19年度)初等中等教育局特別支援教育課.
文部科学省(2009). 特別支援学校学習指導要領解説－自立活動編－. 東京: 海文堂出版株式会社.
文部科学省(2009). 特別支援学校学習指導要領解説－総則等編(幼稚部・小学部・中学部)－. 東京: 教育出版株式会社.
文部科学省(2010). 平成22年度 文部科学白書
文部科学省初等中等教育局特別支援教育課(2009). 特別支援教育資料(平成20年度版).
文部科学省初等中等教育局特別支援教育課(2010). 中央教育審議会, 初等中等教育分科会「特別支援教育のあり方に関する特別委員会」配付資料.
文部省(2000). 盲學校. 聾學校. 養護學校 學習指導要領解說: 自立活動編.
白崎研司(2001). 個別指導計画の実践的検討の試み－現状の学校現場において, 個別の指導計画による指導は可能か－.岐阜大学教育学部障害時教育実践センター年報, 8, 37－44.
肥後祥治, 小塩允護(2002). 知的障害児の指導に関与する教師に望まれる専門的知識と技術の構造に関する研究－個別の指導計画(IEPを含む)の作成に焦点をあてて－.知的障害児の指導に関与する教師のトレーニングプログラム開発に関する研究.平成10年度~平成13年度科学研究費補助金基盤研究((C)(2))研究成果報告書.研究代表小塩允護, 知的障害児の指導に関与する教師のトレーニングプログラム開発に関する研究, 9－14.
山口二郎(2005). **ブレア時代の英国.** 東京: 岩波新書.
森嶋 通夫(1981). **サッチャー時代の英国その政治, 経済, 教育－.** 東京: 岩波書店.
相澤雅文, 池田忠之(2000). 知的障害養護学校における「個別の指導計画」の現状と課題.**下中科学研究助成金研究報告書.**
安藤隆男(2001). **自立活動における個別の指導計画の理念と実践.** 東京: 川島書店.
安藤隆男(2004). 特別支援教育における評価のあり方について－個別の指導計画作成の現状から個別の教育支援計画を展望して－. **肢体不自由教育, 167,** 12－19.
岩田喜久男(2006). **小さな政府を問い直す.** 東京: 筑摩書房.
伊澤崇弥(2000). アメリカの個別教育計画(IEP)との比較からみた日本における個別の指導計画の一考察. **岐阜大学教育学部障害児教育実践センター年報, 7,** 18－24.
日本肢體不自由教育研究會監修(2007). **肢體不自由教育の基本と展開.**
姉崎弘(2003). 障害児教育における個別の指導計画の実践に関する一考察－養護学校を中心に－. **三重大学教育実践総合センター紀要, 23,** 83－92.
柘植雅義(2004). **學習者の多様なニーズと教育政策－LD·ADHD·高機能自閉症への特別支援教育.** 東京: 勁草書房.
柘植雅義(2005). **通常學級での特別支援教育PDCA(學校のPDCAシリーズ3).** 東京: 教育開發研究所.
柘植雅義(2006). **これならできる“LD·ADHD·高機能自閉症"への對應(教育課題完全攻略シリーズ3).** 東京: 教育開發研究所.
柘植雅義(2007). **特別支援教育の推進－特別支援教育100問新100答.** 東京: 教育開發研究所.

栢植雅義(2008). 特別支援教育の新たな展開ー續と·學習者の多様なニーズと教育政策. 東京; 勁草書房.

栢植雅義, 井上雅編(2007). 發達障害の子を育てる家族への支援. 東京: 金子書房.

栢植雅義, 秋田喜代美, 納富惠子, 佐藤昭編(2003). 自立をめざす生徒の學習·メンタル·進路指導ー中學ー高教におけるLD·ADHD·高機能自閉症等の指導. 東京: 東洋館出版社.

障がい者制度改革推進会議(2010). 障害者制度改革の推進のための第二次意見.

障がい者制度改革推進会議(2010). 障がい者権利改革推進会議第14回(H22.6.7)資料1「障害者制度改革の推進のための基本的な方向」(第1次意見)(案).

財団法人安田生命社会事業団(1995). 個別教育計画の理念と実践. 東京: 安田生命社会事業団.

田村貞雄, 寄木勝美(2004). 役割相乗型社会による"三つの市民"と公共政策. 早稲田大学社会科学総合研究, 5(1), 49−66.

鄭茂晟(2008). 講義3: "韓国におけるソーシャル · エンタープライズの現状と最近の発展". (財)日本障害者リハビリテーション協会日英高齢者 · 障害者ケア開発協力機構, 国際セミナー報告書, ヨーロッパとアジアのソーシャル · ファームの動向と取り組みソーシャル · インクルージョンを目指して、67−86.

井上英夫(2006). 人権保障の発展と障害のある人の権利条約. 障害者問題研究, 34(1), 2−10.

井坂行男, 池田かおり(2001). 聾学校における個別の指導計画の実際について. 大阪教育大学障害児教育研究紀要, 24, 43−53.

竹林地毅, 肥後祥治(2003). 特殊教育センター等での個別の指導計画作成に関連する研修等の問題点と今後の展望. 国立特殊教育総

合研究所研究紀要, 30, 115－130.

中央教育審議会(2005). 特別支援教育を推進するための制度の在り方について(答申).

中川雄一郎(2005). 社会的企業とコミュニティーの再生－英国での試みに学ぶ. 東京: 大月書店.

川本 敏郎(2005). こころみ学園奇跡のワイン. 東京: NHK出版.

川田 昇(1982). ぶどう畑の笑顔－こころみの実践が自閉症の子供をかえた. 東京: 大揚社

村中智彦, 笠原芳隆, 藤井和子, 安藤隆男(2001). 知的障害養護学校教員の個別の指導計画作成に対する捉えの構造. 上越教育大学研究紀要, 20(2), 433－441.

崔明福(2010). 韓国の個別化教育計画と日本の個別の指導計画に関する比較研究－障がい者制度改革推進会議の内容に着目して. 広島大学大学院教育学研究科紀要, 59, 133－139

筑波大学附属桐が丘養護学校(1993). 重複障害教育における養護・訓練の指導システムと効果的な指導法の開発, 平成2年度～平成4年度教育方法等改善研究報告書.

太田正己(2000). 新学習指導要領を考える：授業に生きる個別の指導計画. 発達の遅れと教育, 516, 31.

太田俊己(1997). 個に応じた指導の今日的動向と課題. 発達障害研究, 19(2), 122－134.

太田俊巳(2002). 個別の指導計画－一人ひとりが輝く教育を求めて－. 発達の遅れと教育, 4.1－12.

国立社会保障・人口問題研究所(2009). 人口資料集2009.

特別支援教育の在り方に関する調査研究協力者會議(2003). 今後の特別支援教育の在り方について(最終報告).

荒川智(2008). インクルーシブ教育入門, クリエツかもめ. 東京: 大柘植雅義(2008). **特別支援敎育の新たな展開－續と·學習者の多様なニーズと敎育政策**. 東京; 勁草書房.

柘植雅義, 井上雅編(2007). **發達障害の子を育てる家族への支援**. 東京: 金子書房.

柘植雅義, 秋田喜代美, 納富惠子, 佐藤昭編(2003). **自立をめざす生徒の學習·メンタル·進路指導－中學－高敎におけるLD·ADHD·高機能自閉症等の指導**. 東京: 東洋館出版社.

障がい者制度改革推進会議(2010). **障害者制度改革の推進のための第二次意見**.

障がい者制度改革推進会議(2010). **障がい者権利改革推進会議第14回(H22.6.7)資料1「障害者制度改革の推進のための基本的な方向」(第1次意見)(案)**.

財団法人安田生命社会事業団(1995). **個別教育計画の理念と実践**. 東京: 安田生命社会事業団.

田村貞雄, 寄木勝美(2004). 役割相乗型社会による"三つの市民"と公共政策. **早稲田大学社会科学総合研究**, 5(1), 49－66.

鄭茂晟(2008). 講義3: "韓国におけるソーシャル·エンタープライズの現状と最近の発展". **(財)日本障害者リハビリテーション協会日英高齢者·障害者ケア開発協力機構, 国際セミナー報告書**, ヨーロッパとアジアのソーシャル·ファームの動向と取り組みソーシャル·インクルージョンを目指して、67－86.

井上英夫(2006). 人権保障の発展と障害のある人の権利条約. **障害者問題研究**, 34(1), 2－10.

井坂行男, 池田かおり(2001). 聾学校における個別の指導計画の実際について. **大阪教育大学障害児教育研究紀要**, 24, 43－53.

竹林地毅, 肥後祥治(2003). 特殊教育センター等での個別の指導計画作成に関連する研修等の問題点と今後の展望. **国立特殊教育総**

合研究所研究紀要，30，115－130.

中央教育審議会(2005). **特別支援教育を推進するための制度の在り方について(答申).**

中川雄一郎(2005). **社会的企業とコミュニティーの再生ー英国での試みに学ぶ.** 東京: 大月書店.

川本 敏郎(2005). **こころみ学園奇跡のワイン**. 東京: NHK出版.

川田 昇(1982). **ぶどう畑の笑顔ーこころみの実践が自閉症の子供をかえた.** 東京: 大揚社

村中智彦，笠原芳隆，藤井和子，安藤隆男(2001). 知的障害養護学校教員の個別の指導計画作成に対する捉えの構造. **上越教育大学研究紀要，20(2)，433－441.**

崔明福(2010). 韓国の個別化教育計画と日本の個別の指導計画に関する比較研究ー障がい者制度改革推進会議の内容に着目して. **広島大学大学院教育学研究科紀要，59，133－139**

筑波大学附属桐が丘養護学校(1993). 重複障害教育における養護・訓練の指導システムと効果的な指導法の開発，**平成2年度～平成4年度教育方法等改善研究報告書.**

太田正己(2000). 新学習指導要領を考える：授業に生きる個別の指導計画. **発達の遅れと教育，516，31.**

太田俊己(1997). 個に応じた指導の今日的動向と課題. **発達障害研究，19(2)，122－134.**

太田俊巳(2002). 個別の指導計画－一人ひとりが輝く教育を求めて－. **発達の遅れと教育，4.1－12.**

国立社会保障・人口問題研究所(2009). **人口資料集2009.**

特別支援教育の在り方に関する調査研究協力者會議(2003). **今後の特別支援教育の在り方について(最終報告).**

荒川智(2008). **インクルーシブ教育入門，クリエツかもめ.** 東京: 大

揚社
広井良典(2006). **持続可能な福祉社会“もうひとつの日本”の構想**. 東京: 筑摩書房.
清水貞夫(2000). **新個別の指導計画と個別アプローチプランー日本型IEPの実現を目指してー**. 東京: 学苑社.
瀬尾正雄(1982). 米国の全障害時教育法(P.L.94－142)の実施経過とその課題. **特殊教育学研究**, 23(2), 67－73.
Antonio, R.J.(1989). The normative foundation of emancipatory theory : evolutionary vs pragmatic perspectives. *American Journal of Sociology, 94*, 721－748.
森敏昭, 秋田喜代美 訳(2002). **授業を変えるー認知心理学のさらなる挑戦ー**. 東京; 北大書房.
大空博 訳(1991). **マーガレット・サッチャーー英国を復権させた鉄の女**. 東京: 読売新聞社.
OECD(2009). **Education at a Glance : OECD Indicators.**
OECD(2011). **OECD Economic Outlook No.90－December 2011.**
WHO(2001). **International Classification of Functioning, Disability and Health.**